ARISTOTE

—

POÉTIQUE

HACHETTE ET Cⁱᵉ

PEDONE-LAURIEL

ARISTOTE

—

POÉTIQUE

22241. — Typographie Lahure, rue de Fleurus, 9, à Paris.

ARISTOTE

POÉTIQUE

AVEC DES EXTRAITS
DE LA POLITIQUE ET DES PROBLÈMES

TEXTE GREC
AVEC COMMENTAIRE EN FRANÇAIS

PAR E. EGGER
Membre de l'Institut
Prof sseur à la Faculté des lettres de Paris

SIXIÈME ÉDITION REVUE ET CORRIGÉE

ARIS

LIBRAIRIE HACHETTE ET Cie
79, BOULEVARD SAINT-GERMAIN, 79
ET PEDONE-LAURIEL, RUE SOUFFLOT, 13

1878

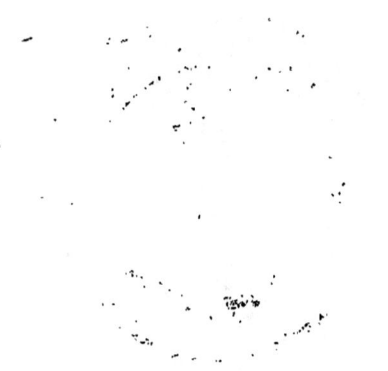

AVERTISSEMENT

DE LA DEUXIÈME ÉDITION.

La *Poétique* d'Aristote ayant été récemment mise au programme des études pour la classe de rhétorique, il a paru opportun de réimprimer l'édition, avec traduction française et commentaire, que j'avais publiée, en 1849, dans l'*Essai sur l'histoire de la Critique chez les Grecs*, ouvrage depuis longtemps épuisé[1]. J'aurais voulu pouvoir remanier à loisir ce travail déjà ancien, le tenir au

[1]. Cette réimpression, pour mieux répondre aux besoins des études, a dû être faite en deux volumes séparés, l'un comprenant le texte grec avec le commentaire, l'autre la traduction française.

courant des derniers travaux de la philologie française et de la philologie étrangère sur l'opuscule si mutilé, si difficile, et pourtant si précieux, d'Aristote [1]. Le temps me manquait pour suffire à cette tâche. Dans la présente édition, le texte grec n'est amélioré que sur quelques points ; mais j'ai revu avec soin la traduction, avec le concours d'un jeune professeur de philosophie, dont l'attention scrupuleuse m'a suggéré plus d'une correction utile. Quant au commentaire, je l'ai approprié à sa nouvelle destination, en le dégageant de quelques renvois, désormais superflus, à l'*Essai sur l'histoire de la critique*, et en le complétant par quelques additions que le progrès des études sur Aristote avait rendues nécessaires. Comme on le verra plus bas, page 58, c'est à titre d'éclaircissement que j'ai cru devoir ajouter ici, avant les

1. Je pense surtout aux *Observations philologiques sur la Poétique d'Aristote,* publiées, en 1863, dans la *Revue archéologique,* par mon confrère, M. Charles Thurot, l'un des hellénistes français qui connaissent le mieux Aristote; et à la seconde édition de la *Poétique,* publiée à Berlin, en 1874 par un savant Viennois, M. Vahlen. De ce dernier on pourrait dire qu'il a utilisé tous les travaux antérieurs, s'il ne paraissait pas avoir ignoré celui même de M. Thurot. On sait d'ailleurs, du moins en France, que notre confrère a étudié avec le même soin les textes de la *Rhétorique,* de la *Politique* et des *Météorologiques* d'Aristote.

extraits des *Problèmes*, le passage de la *Politique*, qui complète et commente si heureusement la célèbre définition de la tragédie, par laquelle débute le chapitre VI de la *Poétique*.

La *Poétique* d'Aristote, dans son état actuel, est pleine d'obscurités, qui ne seront peut-être jamais éclaircies, à moins qu'on ne retrouve de cet ouvrage quelque copie moins imparfaite que tous les manuscrits retrouvés jusqu'à ce jour. Mais la connaissance générale des doctrines et de la langue philosophique d'Aristote s'est fort perfectionnée, depuis l'édition de Bekker, par des travaux comme les grands *Index* de Bonitz et de Heitz, par l'édition qui fait partie de la Bibliothèque grecque-latine de Firmin Didot, par beaucoup d'éditions et traductions spéciales des ouvrages du Stagirite. J'ai donc lieu d'espérer que les professeurs studieux ne manqueront pas de secours pour interpréter mieux qu'on ne le pouvait autrefois ce précieux opuscule, qui, ayant exercé une si grande influence sur la littérature dramatique de l'Occident, et en particulier sur la nôtre, méritait bien d'être replacé, dans le cadre de notre enseignement classique, auprès des deux poëmes didactiques d'Horace et de Boileau.

Il y a dans la *Poétique* des pages qui ne peuvent être utilement discutées qu'entre les savants de profession ; mais, ces pages mises à part, combien il en reste d'excellentes par la netteté du style et par la force lumineuse, par l'autorité durable de la doctrine ! C'est à celles-là que pourront, que devront s'attacher les maîtres jaloux de faire apprécier à nos rhétoriciens l'un des plus grands penseurs, l'un des meilleurs écrivains de l'antiquité.

Dans la première édition du Commentaire, les renvois au texte de la *Poétique* étaient indiqués en français. Bien que le Commentaire soit aujourd'hui rattaché au texte grec, et non à la traduction, nous avons maintenu cette disposition. Mais, pour éviter les inconvénients qui pourraient en résulter, nous avons indiqué par des astérisques tous les passages du texte grec qui sont visés dans le commentaire.

AVANT-PROPOS

DE LA PREMIÈRE ÉDITION.

La *Poétique* d'Aristote, m'ayant fourni l'occasion des recherches que j'ai résumées dans l'*Essai sur l'histoire de la Critique*, formait le complément naturel de ce travail, et je ne pouvais songer à l'en séparer.

Elle est reproduite ici d'après le texte qui fait partie de la grande édition des Œuvres d'Aristote, publiée à Berlin, en 1831, par M. Imm. Bekker, et qui a été réimprimé deux fois à part avec la *Rhétorique*. Je n'ai fait au texte même qu'un petit nombre de changements, dont le Commentaire rendra compte ; les changements plus nombreux que je me suis permis dans la ponctuation, se justifieront, je pense, sans commentaire aux yeux du lecteur.

Dans la traduction française, j'ai voulu surtout donner un calque fidèle de l'original et rendre sensibles les défauts comme les mérites du style d'Aristote. Ce caractère de scrupuleuse exactitude manquait souvent aux anciennes traductions de la *Poétique :* je l'ai recherché, même au détriment d'une élégance qui eût pu rendre plus agréable la lecture de ce petit ouvrage. Toutes les fois que l'excessive concision du texte rendait quelques additions nécessaires, elles sont distinguées avec soin du reste de la phrase, de façon que le lecteur en puisse juger au premier coup d'œil.

Le Commentaire a pour objet : 1º de justifier sur quelques points importants la leçon adoptée dans le texte ; 2º d'expliquer certaines locutions difficiles, et de signaler des ressemblances notables entre le style de la *Poétique* et celui des autres ouvrages d'Aristote ; 3º de faire quelques rapprochements entre Aristote et les plus célèbres auteurs, soit anciens, soit modernes, sur des questions d'histoire ou de critique littéraire.

Le lecteur qui désirerait de plus amples renseignements sur les difficultés de pure philologie, pourra recourir aux éditions savantes de M. Hermann, de M. Græfenhan, de M. Ritter, et aux travaux indiqués dans le chap. III, § 4, de l'*Essai sur l'histoire de la Critique.*

Quant aux extraits des *Problèmes*, on verra, dans le même livre, comment j'ai été conduit à rapprocher de la *Poétique* ces fragments précieux, mais obscurs, de l'érudition d'Aristote. J'aurais peut-être renoncé à les traduire et à les commenter, si je n'avais été secouru dans cette tâche délicate par mon collègue et ami M. Vincent, dont on connaît les importants travaux sur la musique grecque. Je suis heureux de lui en exprimer ici toute ma gratitude.

AVERTISSEMENT

DE LA CINQUIÈME ÉDITION.

Dans cette réimpression de la *Poétique*, il n'a été fait au texte qu'un très-petit nombre de corrections, surtout typographiques. Pour une édition destinée aux maîtres et aux élèves de nos établissements secondaires, il eût été inopportun, même si nous en avions eu le loisir, de nous engager dans des discussions approfondies de critique verbale. L'état de mutilation où nous est parvenu cet opuscule d'Aristote a provoqué, particulièrement depuis quelques années, entre de savants éditeurs, tels que MM. Spengel, Susemihl et Vahlen, mainte controverse où nous ne pourrions prendre parti sans sortir des bornes d'un livre classique. Toutefois, et sur une doctrine capitale de l'auteur, la purgation des passions par le drame, nous avons voulu apporter, à l'appui de l'opinion exposée dans notre *Essai sur l'histoire de la critique*, un argument considérable, le texte de Proclus, signalé pour la première fois par M. Bernays dans sa dissertation sur ce sujet (voy. plus bas, page 88). On le trouvera reproduit à la suite des *Extraits des Problèmes*, et nous espérons que le lecteur nous saura gré de cette utile addition.

E. E.

ARGUMENT ANALYTIQUE.

ΑΡΙΣΤΟΤΕΛΟΥΣ

ΠΕΡΙ ΠΟΙΗΤΙΚΗΣ

ΚΕΦΑΛΑΙΟΝ Α'.

I. § 1. La poésie consiste dans l'imitation; trois différences entre les imitations.

Περὶ ποιητικῆς αὐτῆς τε καὶ τῶν εἰδῶν αὐτῆς, ἥντινα δύναμιν ἕκαστόν τι ἔχει, καὶ πῶς δεῖ συνίστασθαι τοὺς μύθους, εἰ μέλλει καλῶς ἕξειν ἡ ποίησις, ἔτι δὲ ἐκ πόσων καὶ ποίων ἐστὶ μορίων, ὁμοίως δὲ καὶ περὶ τῶν ἄλλων ὅσα τῆς αὐτῆς ἐστι μεθόδου, λέγωμεν, ἀρξάμενοι κατὰ φύσιν πρῶτον ἀπὸ τῶν πρώτων*.

Ἐποποιία δὴ καὶ ἡ τῆς τραγῳδίας ποίησις, ἔτι δὲ κωμῳδία καὶ ἡ διθυραμβοποιητικὴ καὶ τῆς αὐλητικῆς ἡ πλείστη* καὶ κιθαριστικῆς, πᾶσαι τυγχάνουσιν οὖσαι μιμήσεις τὸ σύνολον. Διαφέρουσι δὲ ἀλλήλων τρισίν* · ἢ γὰρ τῷ γένει ἑτέροις μιμεῖσθαι, ἢ τῷ ἕτερα, ἢ τῷ ἑτέρως καὶ μὴ τὸν αὐτὸν τρόπον.

§ 2. Différentes sortes de poésie selon les moyens d'imitation.

Ὥσπερ γὰρ (ἄρα?) καὶ χρώμασι καὶ σχήμασι
πολλὰ μιμοῦνταί τινες ἀπεικάζοντες (οἱ μὲν διὰ
τέχνης, οἱ δὲ διὰ συνηθείας), ἕτεροι δὲ διὰ τῆς
φωνῆς*, οὕτω κἂν ταῖς εἰρημέναις τέχναις, ἅπασαι
μὲν ποιοῦνται τὴν μίμησιν ἐν ῥυθμῷ καὶ λόγῳ καὶ
ἁρμονίᾳ, τούτοις δ' ἢ χωρὶς ἢ μεμιγμένοις· οἷον
ἁρμονίᾳ μὲν καὶ ῥυθμῷ χρώμεναι μόνον ἥ τε αὐλη-
τικὴ καὶ ἡ κιθαριστική, κἂν εἴ τινες ἕτεραι τυγχάνουσιν οὖσαι τοιαῦται τὴν δύναμιν, οἷον ἡ τῶν
συρίγγων· αὐτῷ δὲ τῷ ῥυθμῷ μιμοῦνται χωρὶς ἁρμονίας οἱ τῶν ὀρχηστῶν· καὶ γὰρ οὗτοι διὰ τῶν
σχηματιζομένων ῥυθμῶν μιμοῦνται καὶ ἤθη καὶ
πάθη καὶ πράξεις. Ἡ δὲ ἐποποιία μόνον τοῖς λόγοις ψιλοῖς* ἢ τοῖς μέτροις, καὶ τούτοις εἴτε μι-
γνῦσα μετ' ἀλλήλων, εἴθ' ἑνί τινι γένει χρωμένη
τῶν μέτρων.... τυγχάνουσα μέχρι τοῦ νῦν. Οὐδὲν
γὰρ ἂν ἔχοιμεν ὀνομάσαι κοινὸν τοὺς Σώφρονος καὶ
Ξενάρχου* μίμους καὶ τοὺς Σωκρατικοὺς λόγους*, οὐδὲ
εἴ τις διὰ τριμέτρων ἢ ἐλεγείων ἢ τῶν ἄλλων τινῶν
τῶν τοιούτων ποιοῖτο τὴν μίμησιν. Πλὴν οἱ ἄνθρωποί
γε συνάπτοντες τῷ μέτρῳ τὸ ποιεῖν [τοὺς μὲν] ἐλε-
γειοποιοὺς τοὺς δὲ ἐποποιοὺς ὀνομάζουσιν, οὐχ ὡς
κατὰ τὴν μίμησιν ποιητάς, ἀλλὰ κοινῇ κατὰ τὸ μέτρον προσαγορεύοντες. Καὶ γὰρ ἂν ἰατρικὸν ἢ μουσι-
κόν τι διὰ τῶν μέτρων ἐκφέρωσιν, οὕτω καλεῖν εἰώθα-

σιν· οὐδὲν δὲ κοινόν ἐστιν Ὁμήρῳ καὶ Ἐμπεδο-
κλεῖ* πλὴν τὸ μέτρον· διὸ τὸν μὲν ποιητὴν δίκαιον
καλεῖν, τὸν δὲ φυσιολόγον μᾶλλον ἢ ποιητήν.
Ὁμοίως δὲ κἂν εἴ τις ἅπαντα τὰ μέτρα μιγνύων
ποιοῖτο* τὴν μίμησιν, καθάπερ Χαιρήμων ἐποίησε
Κένταυρον μικτὴν ῥαψῳδίαν ἐξ ἁπάντων τῶν μέτρων, οὐκ ἤδη* καὶ ποιητὴν προσαγορευτέον. Περὶ
μὲν οὖν τούτων διωρίσθω τοῦτον τὸν τρόπον.

Εἰσὶ δέ τινες αἳ πᾶσι χρῶνται τοῖς εἰρημένοις,
λέγω δὲ οἷον ῥυθμῷ καὶ μέλει καὶ μέτρῳ, ὥσπερ ἥ
τε τῶν διθυραμβικῶν ποίησις καὶ ἡ τῶν νόμων καὶ
ἥ τε τραγῳδία καὶ ἡ κωμῳδία· διαφέρουσι δὲ ὅτι
αἱ μὲν ἅμα πᾶσιν αἱ δὲ κατὰ μέρος. Ταύτας μὲν
οὖν λέγω τὰς διαφορὰς τῶν τεχνῶν ἐν οἷς ποιοῦνται τὴν μίμησιν.

ΚΕΦΑΛΑΙΟΝ Β΄.

II. Différentes sortes de poésie selon les objets imités.

Ἐπεὶ δὲ μιμοῦνται οἱ μιμούμενοι πράττοντας
ἀνάγκη δὲ τούτους ἢ σπουδαίους ἢ φαύλους εἶναι
(τὰ γὰρ ἤθη σχεδὸν ἀεὶ τούτοις ἀκολουθεῖ μόνοις·
κακίᾳ γὰρ καὶ ἀρετῇ τὰ ἤθη διαφέρουσι πάντες),
*ἤτοι βελτίονας ἢ καθ᾽ ἡμᾶς ἢ χείρονας ἢ καὶ τοιού-
τους, ὥσπερ οἱ γραφεῖς· Πολύγνωτος* μὲν γὰρ
κρείττους, Παύσων δὲ χείρους, Διονύσιος δὲ ὁμοίους
εἴκαζεν. Δῆλον δὲ ὅτι καὶ τῶν λεχθεισῶν ἑκάστη

μιμήσεων ἕξει ταύτας τὰς διαφορὰς καὶ ἔσται ἑτέρα τῷ ἕτερα μιμεῖσθαι τοῦτον τὸν τρόπον. Καὶ γὰρ ἐν ὀρχήσει καὶ αὐλήσει καὶ κιθαρίσει ἔστι γενέσθαι ταύτας τὰς ἀνομοιότητας, καὶ περὶ τοὺς λόγους δὲ καὶ τὴν ψιλομετρίαν*, οἷον Ὅμηρος μὲν βελτίους*, Κλεοφῶν* δὲ ὁμοίους, Ἡγήμων δὲ ὁ Θάσιος* ὁ τὰς παρῳδίας ποιήσας πρῶτος καὶ Νικοχάρης ὁ τὴν Δηλιάδα*, χείρους. Ὁμοίως δὲ καὶ περὶ τοὺς διθυράμβους καὶ περὶ τοὺς νόμους*, ὡς Πέρσας καὶ Κύκλωπας Τιμόθεος καὶ Φιλόξενος, μιμήσαιτο ἄν τις*. Ἐν αὐτῇ δὲ τῇ διαφορᾷ καὶ ἡ τραγῳδία πρὸς τὴν κωμῳδίαν διέστηκεν· ἡ μὲν γὰρ χείρους ἡ δὲ βελτίους μιμεῖσθαι βούλεται τῶν νῦν.

ΚΕΦΑΛΑΙΟΝ Γ'.

III. Différentes sortes de poésie selon la manière d'imiter.

Ἔτι δὲ τούτων τρίτη διαφορὰ τὸ ὡς ἕκαστα τούτων μιμήσαιτο ἄν τις*. Καὶ γὰρ ἐν τοῖς αὐτοῖς καὶ τὰ αὐτὰ μιμεῖσθαι ἔστιν ὁτὲ μὲν ἀπαγγέλλοντα ἢ ἕτερόν τι γιγνόμενον, ὥσπερ Ὅμηρος ποιεῖ, ἢ ὡς τὸν αὐτὸν καὶ μὴ μεταβάλλοντα, ἢ πάντας ὡς πράττοντας καὶ ἐνεργοῦντας τοὺς μιμουμένους.

Ἐν τρισὶ δὴ ταύταις διαφοραῖς ἡ μίμησίς ἐστιν, ὡς εἴπομεν κατ' ἀρχάς, ἐν οἷς τε καὶ ἃ καὶ ὡς Ὥστε τῇ μὲν ὁ αὐτὸς ἂν εἴη μιμητὴς Ὁμήρῳ Σο-

φοκλῆς, μιμοῦνται γὰρ ἄμφω σπουδαίους· τῇ δὲ
Ἀριστοφάνει· πράττοντας γὰρ μιμοῦνται καὶ δρῶντας ἄμφω. Ὅθεν καὶ δράματα καλεῖσθαί τινες
αὐτά φασιν, ὅτι μιμοῦνται δρῶντας. Διὸ καὶ ἀντι-
ποιοῦνται τῆς τε τραγῳδίας καὶ τῆς κωμῳδίας οἱ
Δωριεῖς· τῆς μὲν γὰρ κωμῳδίας οἱ Μεγαρεῖς, οἵ τε
ἐνταῦθα, ὡς ἐπὶ τῆς παρ᾽ αὐτοῖς δημοκρατίας γενομένης, καὶ οἱ ἐκ Σικελίας*, ἐκεῖθεν γὰρ ἦν Ἐπίχαρμος ὁ ποιητής, πολλῷ πρότερος ὢν Χιωνίδου* καὶ
Μάγνητος· καὶ τῆς τραγῳδίας ἔνιοι τῶν ἐν Πελο-
ποννήσῳ, ποιούμενοι τὰ ὀνόματα σημεῖον· οὗτοι
μὲν γὰρ κώμας τὰς περιοικίδας καλεῖν φασίν,
Ἀθηναῖοι δὲ δήμους, ὡς κωμῳδοὺς οὐκ ἀπὸ τοῦ
κωμάζειν λεχθέντας, ἀλλὰ τῇ κατὰ κώμας πλάνῃ
ἀτιμαζομένους ἐκ τοῦ ἄστεως· καὶ τὸ ποιεῖν
αὐτοὶ μὲν δρᾶν, Ἀθηναίους δὲ πράττειν προσ-
αγορεύειν....*

Περὶ μὲν οὖν τῶν διαφορῶν, καὶ πόσαι καὶ τίνες
τῆς μιμήσεως, εἰρήσθω ταῦτα.

ΚΕΦΑΛΑΙΟΝ Δ΄.

IV. § 1. Origine de la poésie.

Ἐοίκασι δὲ γεννῆσαι μὲν ὅλως τὴν ποιητικὴν
αἰτίαι δύο τινές, καὶ αὗται φυσικαί. Τό τε γὰρ μιμεῖσθαι σύμφυτον* τοῖς ἀνθρώποις ἐκ παίδων ἐστί,

καὶ τούτῳ διαφέρουσι τῶν ἄλλων ζώων ὅτι μιμη-
τικώτατόν ἐστι καὶ τας μαθήσεις ποιεῖται διὰ μιμήσεως τὰς πρώτας, καὶ τὸ χαίρειν τοῖς μιμήμασι
πάντας. Σημεῖον δὲ τούτου τὸ συμβαῖνον ἐπὶ τῶν
ἔργων· ἃ γὰρ αὐτὰ λυπηρῶς ὁρῶμεν, τούτων τὰς
εἰκόνας τὰς μάλιστα ἠκριβωμένας χαίρομεν θεω-
ροῦντες, οἷον θηρίων τε μορφὰς τῶν ἀτιμοτάτων καὶ
νεκρῶν*. Αἴτιον δὲ καὶ τούτου, ὅτι μανθάνειν οὐ
μόνον τοῖς φιλοσόφοις ἥδιστον ἀλλὰ καὶ τοῖς ἄλλοις ὁμοίως· ἀλλ' ἐπὶ βραχὺ κοινωνοῦσιν* αὐτοῦ.
Διὰ γὰρ τοῦτο χαίρουσι τὰς εἰκόνας ὁρῶντες, ὅτι
συμβαίνει θεωροῦντας μανθάνειν καὶ συλλογίζεσθαι
τι ἕκαστον, οἷον ὅτι οὗτος ἐκεῖνος· ἐπεὶ ἐὰν μὴ
τύχῃ προεωρακώς*, οὐ διὰ μίμημα ποιήσει τὴν ἡδονήν, ἀλλὰ διὰ τὴν ἀπεργασίαν ἢ τὴν χροιὰν ἢ διὰ
τοιαύτην τινὰ ἄλλην αἰτίαν. Κατὰ φύσιν δὲ ὄντος
ἡμῖν τοῦ μιμεῖσθαι καὶ τῆς ἁρμονίας καὶ τοῦ
ῥυθμοῦ (τὰ γὰρ μέτρα ὅτι μόρια τῶν ῥυθμῶν ἐστι
φανερόν*), ἐξ ἀρχῆς οἱ πεφυκότες πρὸς αὐτὰ μάλιστα
κατὰ μικρὸν προάγοντες ἐγέννησαν τὴν ποίησιν ἐκ
τῶν αὐτοσχεδιασμάτων.

§ 2. Divisions primitives de la poésie : genre héroïque,
genre ïambique (ou satirique); origine de la tragédie
et de la comédie.

Διεσπάσθη δὲ κατὰ τὰ οἰκεῖα ἤθη ἡ ποίησις· οἱ
μὲν γὰρ σεμνότεροι τὰς καλὰς ἐμιμοῦντο πράξεις

καὶ τὰς τῶι τοιούτων, οἱ δὲ εὐτελέστεροι τὰς τῶν
φαύλων, πρῶτον ψόγους ποιοῦντες, ὥσπερ ἕτεροι
ὕμνους καὶ ἐγκώμια. Τῶν μὲν οὖν πρὸ Ὁμήρου οὐδενὸς ἔχομεν εἰπεῖν τοιοῦτον ποίημα, εἰκὸς δὲ εἶναι
πολλούς· ἀπὸ δὲ Ὁμήρου ἀρξαμένοις ἔστιν, οἷον
ἐκείνου ὁ Μαργίτης* καὶ τὰ τοιαῦτα, ἐν οἷς καὶ τὸ
ἁρμόττον ἰαμβεῖον ἦλθε μέτρον· διὸ καὶ ἰαμβεῖον*
καλεῖται νῦν, ὅτι ἐν τῷ μέτρῳ τούτῳ ἰάμβιζον
ἀλλήλους. Καὶ ἐγένοντο τῶν παλαιῶν οἱ μὲν ἡρωϊκῶν οἱ δὲ ἰάμβων ποιηταί. Ὥσπερ δὲ καὶ τὰ σπου-
δαῖα μάλιστα ποιητὴς Ὅμηρος ἦν (μόνος γὰρ οὐχ
ὅτι* εὖ, ἀλλ' ὅτι καὶ μιμήσεις δραματικὰς ἐποίησεν), οὕτω καὶ τὰ τῆς κωμῳδίας σχήματα πρῶτος
ὑπέδειξεν, οὐ ψόγον ἀλλὰ τὸ γελοῖον δραματο-
ποιήσας· ὁ γὰρ Μαργίτης ἀνάλογον ἔχει, ὥσπερ
Ἰλιὰς καὶ Ὁδύσσεια πρὸς τὰς τραγῳδίας, οὕτω
καὶ οὗτος πρὸς τὰς κωμῳδίας. Παραφανείσης δὲ
τῆς τραγῳδίας καὶ κωμῳδίας, οἱ ἐφ' ἑκατέραν
τὴν ποίησιν ὁρμῶντες κατὰ τὴν οἰκείαν φύσιν, οἱ
μὲν ἀντὶ τῶν ἰάμβων κωμῳδοποιοὶ ἐγένοντο, οἱ
δὲ ἀντὶ τῶν ἐπῶν τραγῳδοδιδάσκαλοι, διὰ τὸ
μείζω καὶ ἐντιμότερα τὰ σχήματα εἶναι ταῦτα
ἐκείνων.

*Τὸ μὲν οὖν ἐπισκοπεῖν εἰ ἄρ' ἔχει ἤδη ἡ
τραγῳδία τοῖς εἴδεσιν ἱκανῶς ἢ οὔ, αὐτό τε καθ'
αὑτὸ κρίνεται (?) ἢ καὶ πρὸς τὰ θέατρα, ἄλλος
λόγος.

§ 3. Premiers progrès de la tragédie.

Γενομένης οὖν ἀπ᾽ ἀρχῆς αὐτοσχεδιαστικῆς, καὶ αὐτὴ καὶ ἡ κωμῳδία, καὶ ἡ μὲν ἀπὸ τῶν ἐξαρχόντων τὸν διθύραμβον*, ἡ δὲ ἀπὸ τῶν τὰ φαλλικά, ἃ ἔτι καὶ νῦν ἐν πολλαῖς τῶν πόλεων διαμένει νομιζόμενα, κατὰ μικρὸν ηὐξήθη προαγόντων ὅσον ἐγίγνετο φανερὸν αὐτῆς*, καὶ πολλὰς μεταβολὰς μεταβαλοῦσα ἡ τραγῳδία ἐπαύσατο, ἐπεὶ ἔσχε τὴν αὐτῆς φύσιν. Καὶ τό τε τῶν ὑποκριτῶν πλῆθος ἐξ ἑνὸς εἰς δύο πρῶτος Αἰσχύλος ἤγαγε*, καὶ τὰ τοῦ χοροῦ ἠλάττωσε, καὶ τὸν λόγον πρωταγωνιστὴν παρεσκεύασεν· τρεῖς δὲ καὶ σκηνογραφίαν* Σοφοκλῆς. Ἔτι δὲ τὸ μέγεθος ἐκ μικρῶν μύθων καὶ λέξεως γελοίας, διὰ τὸ ἐκ σατυρικοῦ* μεταβαλεῖν, ὀψὲ ἀπεσεμνύνθη*· τό τε μέτρον ἐκ τετραμέτρου ἰαμβεῖον ἐγένετο· τὸ μὲν γὰρ πρῶτον τετραμέτρῳ ἐχρῶντο διὰ τὸ σατυρικὴν καὶ ὀρχηστικωτέραν εἶναι τὴν ποίησιν. Λέξεως δὲ γενομένης, αὐτὴ ἡ φύσις τὸ οἰκεῖον μέτρον εὗρε· μάλιστα γὰρ λεκτικὸν τῶν μέτρων τὸ ἰαμβεῖόν ἐστιν· σημεῖον δὲ τούτου· πλεῖστα γὰρ ἰαμβεῖα λέγομεν ἐν τῇ διαλέκτῳ τῇ πρὸς ἀλλήλους*, ἐξάμετρα δὲ ὀλιγάκις καὶ ἐκβαίνοντες τῆς λεκτικῆς ἁρμονίας*. Ἔτι δὲ ἐπεισοδίων* πλήθη καὶ τὰ ἄλλα ὡς ἕκαστα κοσμηθῆναι λέγεται. Περὶ μὲν οὖν τούτων τοσαῦτα ἔστω ἡμῖν εἰρημένα· πολὺ γὰρ ἂν ἴσως ἔργον εἴη διεξιέναι καθ᾽ ἕκαστον.

ΚΕΦΑΛΑΙΟΝ Ε΄.

V. Définition de la comédie; ses premiers progrès.
Comparaison de la tragédie et de l'épopée.

Ἡ δὲ κωμῳδία ἐστίν, ὥσπερ εἴπομεν, μίμησις φαυλοτέρων μέν, οὐ μέντοι κατὰ πᾶσαν κακίαν, ἀλλὰ τοῦ αἰσχροῦ [οὗ] ἐστι τὸ γελοῖον μόριον. Τὸ γὰρ γελοῖόν ἐστιν ἁμάρτημά τι καὶ αἶσχος ἀνώδυνον καὶ οὐ φθαρτικόν*, οἷον εὐθὺς τὸ γελοῖον πρόσωπον αἰσχρόν τι καὶ διεστραμμένον ἄνευ ὀδύνης. Αἱ μὲν οὖν τῆς τραγῳδίας μεταβάσεις, καὶ δι' ὧν ἐγένοντο, οὐ λελήθασιν· ἡ δὲ κωμῳδία διὰ τὸ μὴ σπουδάζεσθαι ἐξ ἀρχῆς ἔλαθεν· καὶ γὰρ χορὸν κωμῳδῶν ὀψέ ποτε ὁ ἄρχων ἔδωκεν, ἀλλ' ἐθελονταὶ* ἦσαν. Ἤδη δὲ σχήματά τινα αὐτῆς ἐχούσης οἱ λεγόμενοι αὐτῆς ποιηταὶ μνημονεύονται. Τίς δὲ πρόσωπα ἀπέδωκεν ἢ προλόγους* ἢ πλήθη ὑποκριτῶν καὶ ὅσα τοιαῦτα, ἠγνόηται· τὸ δὲ μύθους ποιεῖν* Ἐπίχαρμος καὶ Φόρμις. Τὸ μὲν οὖν ἐξ ἀρχῆς ἐκ Σικελίας ἦλθεν· τῶν δὲ Ἀθήνησιν Κράτης πρῶτος ἦρξεν ἀφέμενος τῆς ἰαμβικῆς ἰδέας καθόλου ποιεῖν λόγους καὶ μύθους.

Ἡ μὲν οὖν ἐποποιία τῇ τραγῳδίᾳ μέχρι μόνου μέτρου μετὰ λόγου μίμησις εἶναι σπουδαίων ἠκολούθησεν· τῷ δὲ τὸ μέτρον ἁπλοῦν ἔχειν καὶ ἀπαγγελίαν εἶναι, ταύτῃ διαφέρουσιν. Ἔτι δὲ τῷ μή-

κει· ἡ μὲν γὰρ ὅτι μάλιστα πειρᾶται ὑπὸ μίαν
περίοδον ἡλίου εἶναι ἢ μικρὸν ἐξαλλάττειν*, ἡ δὲ
ἐποποιία ἀόριστος τῷ χρόνῳ, καὶ τούτῳ διαφέρει.
Καίτοι τὸ πρῶτον ὁμοίως ἐν ταῖς τραγῳδίαις
τοῦτο ἐποίουν καὶ ἐν τοῖς ἔπεσιν. Μέρη δ' ἐστὶ τὰ
μὲν ταὐτά, τὰ δὲ ἴδια τῆς τραγῳδίας. Διόπερ ὅστις
περὶ τραγῳδίας οἶδε σπουδαίας καὶ φαύλης, οἶδε
καὶ περὶ ἐπῶν· ἃ μὲν γὰρ ἐποποιία ἔχει, ὑπάρχει
τῇ τραγῳδίᾳ, ἃ δὲ αὐτή, οὐ πάντα ἐν τῇ ἐποποιίᾳ.

ΚΕΦΑΛΑΙΟΝ ϛ.

VI. § 1. Définition de la tragédie. Détermination des parties dont elle se compose.

Περὶ [μὲν] οὖν τῆς ἐν ἑξαμέτροις μιμητικῆς καὶ
περὶ κωμῳδίας ὕστερον ἐροῦμεν· περὶ δὲ τραγῳδίας λέγωμεν, ἀπολαβόντες αὐτῆς ἐκ τῶν εἰρημένων
τὸν γινόμενον ὅρον τῆς οὐσίας. Ἔστιν οὖν τραγῳδία μίμησις πράξεως σπουδαίας καὶ τελείας, μέγεθος ἐχούσης, ἡδυσμένῳ λόγῳ, χωρὶς ἑκάστου τῶν
εἰδῶν ἐν τοῖς μορίοις, δρώντων καὶ οὐ δι' ἀπαγγελίας, δι' ἐλέου καὶ φόβου περαίνουσα τὴν τῶν
τοιούτων παθημάτων κάθαρσιν*. Λέγω δὲ ἡδυσμένον
μὲν λόγον τὸν ἔχοντα ῥυθμὸν καὶ ἁρμονίαν καὶ
μέλος· τὸ δὲ χωρὶς τοῖς εἴδεσι τὸ διὰ μέτρων ἔνια
μόνον περαίνεσθαι καὶ πάλιν ἕτερα διὰ μέλους*.

Ἐπεὶ δὲ πράττοντες ποιοῦνται τὴν μίμησιν, πρῶτον μὲν ἐξ ἀνάγκης ἂν εἴη τι μόριον τραγῳδίας ὁ τῆς ὄψεως κόσμος, εἶτα μελοποιία καὶ λέξις· ἐν τούτοις γὰρ ποιοῦνται τὴν μίμησιν. Λέγω δὲ λέξιν μὲν αὐτὴν τὴν τῶν μέτρων σύνθεσιν, μελοποιίαν δὲ ὃ τὴν δύναμιν φανερὰν ἔχει πᾶσαν.

Ἐπεὶ δὲ πράξεώς ἐστι μίμησις, πράττεται δὲ ὑπὸ τινῶν πραττόντων, οὓς ἀνάγκη ποιούς τινας εἶναι κατά τε τὸ ἦθος καὶ τὴν διάνοιαν* (διὰ γὰρ τούτων καὶ τὰς πράξεις εἶναί φαμεν ποιάς τινας), πέφυκεν αἴτια δύο τῶν πράξεων εἶναι, διάνοια καὶ ἦθος, καὶ κατὰ ταύτας καὶ τυγχάνουσι καὶ ἀποτυγχάνουσι πάντες. Ἔστι δὲ τῆς μὲν πράξεως ὁ μῦθος ἡ μίμησις· λέγω γὰρ μῦθον τοῦτον τὴν σύνθεσιν τῶν πραγμάτων· τὰ δὲ ἤθη, καθ’ ἃ ποιούς τινας εἶναί φαμεν τοὺς πράττοντας· διάνοιαν δέ, ἐν ὅσοις λέγοντες ἀποδεικνύασί τι ἢ καὶ ἀποφαίνονται γνώμην.

Ἀνάγκη οὖν πάσης τραγῳδίας μέρη εἶναι ἓξ καθ’ ἃ ποιά τις ἐστὶν ἡ τραγῳδία· ταῦτα δ’ ἐστὶ μῦθος καὶ ἤθη καὶ λέξις καὶ διάνοια καὶ ὄψις καὶ μελοποιία. Οἷς μὲν γὰρ μιμοῦνται, δύο μέρη ἐστίν, ὡς δὲ μιμοῦνται, ἕν, ἃ δὲ μιμοῦνται, τρία, καὶ παρὰ ταῦτα οὐδέν*. Τούτοις μὲν οὖν οὐκ ὀλίγοι αὐτῶν, ὡς εἰπεῖν, κέχρηνται τοῖς εἴδεσιν· καὶ γὰρ ὄψεις ἔχει πᾶν καὶ ἦθος καὶ μῦθον καὶ λέξιν καὶ μέλος καὶ διάνοιαν ὡσαύτως.

§ 2. Importance relative des parties de la tragédie.

Μέγιστον δὲ τούτων ἐστὶν ἡ τῶν πραγμάτων σύστασις· ἡ γὰρ τραγῳδία μίμησίς ἐστιν οὐκ ἀνθρώπων, ἀλλὰ πράξεως καὶ βίου καὶ εὐδαιμονίας καὶ κακοδαιμονίας· καὶ γὰρ ἡ εὐδαιμονία ἐν πράξει ἐστί, καὶ τὸ τέλος πρᾶξίς τίς ἐστιν, οὐ ποιότης*. Εἰσὶ δὲ κατὰ μὲν τὰ ἤθη ποιοί τινες, κατὰ δὲ τὰς πράξεις εὐδαίμονες ἢ τοὐναντίον*. Οὔκουν ὅπως τὰ ἤθη μιμήσωνται πράττουσιν, ἀλλὰ τὰ ἤθη συμπεριλαμβάνουσι διὰ τὰς πράξεις. Ὥστε τὰ πράγματα καὶ ὁ μῦθος τέλος τῆς τραγῳδίας· τὸ δὲ τέλος* μέγιστον ἁπάντων. Ἔτι ἄνευ μὲν πράξεως οὐκ ἂν γένοιτο τραγῳδία, ἄνευ δὲ ἠθῶν γένοιτ᾽ ἄν· αἱ γὰρ τῶν νέων τῶν πλείστων* ἀήθεις τραγῳδίαι εἰσί, καὶ ὅλως ποιηταὶ πολλοὶ τοιοῦτοι· οἷον καὶ τῶν γραφέων Ζεῦξις πρὸς Πολύγνωτον πέπονθεν· ὁ μὲν γὰρ Πολύγνωτος ἀγαθὸς ἠθογράφος, ἡ δὲ Ζεύξιδος γραφὴ οὐδὲν ἔχει ἦθος. Ἔτι ἐάν τις ἐφεξῆς θῇ ῥήσεις ἠθικὰς καὶ λέξεις καὶ διανοίας εὖ πεποιημένας, οὐ ποιήσει ὃ ἦν τῆς τραγῳδίας ἔργον, ἀλλὰ πολὺ μᾶλλον ἡ καταδεεστέροις τούτοις κεχρημένη τραγῳδία, ἔχουσα δὲ μῦθον καὶ σύστασιν πραγμάτων. Πρὸς δὲ τούτοις τὰ μέγιστα οἷς ψυχαγωγεῖ ἡ τραγῳδία τοῦ μύθου μέρη ἐστίν, αἵ τε περιπέτειαι καὶ ἀναγνωρίσεις. Ἔτι σημεῖον ὅτι καὶ οἱ ἐγχειροῦντες ποιεῖν πρότερον δύνανται τῇ λέξει καὶ τοῖς ἤθεσιν ἀκριβοῦν ἢ τὰ πράγματα συνίστασθαι, οἷον καὶ οἱ πρῶτοι ποιηταὶ σχεδὸν ἅπαντες*. Ἀρχὴ μὲν οὖν καὶ οἷον ψυχὴ ὁ μῦθος τῆς τραγῳδίας, δεύτερον δὲ τὰ ἤθη. Παραπλήσιον γάρ ἐστι καὶ ἐπὶ τῆς γραφικῆς· εἰ γάρ τις ἐναλείψειε τοῖς καλλίστοις φαρμάκοις χύδην*, οὐκ ἂν ὁμοίως εὐφράνειεν καὶ λευκογραφήσας εἰκόνα*· ἔστι τε μίμησις πράξεως, καὶ διὰ ταύτην μάλιστα τῶν πραττόντων. Τρίτον δὲ ἡ διάνοια. Τοῦτο δ' ἐστὶ τὸ λέγειν δύνασθαι τὰ ἐνόντα καὶ τὰ ἁρμόττοντα, ὅπερ ἐπὶ τῶν λόγων τῆς πολιτικῆς καὶ ῥητορικῆς ἔργον ἐστίν*· οἱ μὲν γὰρ ἀρχαῖοι πολιτικῶς ἐποίουν λέγοντας, οἱ δὲ νῦν ῥητορικῶς. Ἔστι δὲ ἦθος μὲν τὸ τοιοῦτον ὃ δηλοῖ τὴν προαίρεσιν ὁποία τις· διόπερ οὐκ ἔχουσιν ἦθος τῶν λόγων ἐν οἷς μηδ' ὅλως ἔστιν ὅ τι προαιρεῖται ἢ φεύγει ὁ λέγων. Διάνοια δέ, ἐν οἷς ἀποδεικνύουσί τι ὡς ἔστιν ἢ ὡς οὐκ ἔστιν, ἢ καθόλου τι ἀποφαίνονται. Τέταρτον δὲ τῶν μὲν λόγων.... ἡ λέξις· λέγω δέ, ὥσπερ πρότερον εἴρηται, λέξιν εἶναι τὴν διὰ τῆς ὀνομασίας ἑρμηνείαν, ὃ καὶ ἐπὶ τῶν ἐμμέτρων καὶ ἐπὶ τῶν λόγων ἔχει τὴν αὐτὴν δύναμιν. Τῶν δὲ λοιπῶν πέμπτον* ἡ μελοποιία μέγιστον τῶν ἡδυσμάτων. Ἡ δὲ ὄψις ψυχαγωγικὸν μέν, ἀτεχνότατον* δὲ καὶ ἥκιστα οἰκεῖον τῆς ποιητικῆς· ὡς γὰρ τῆς τραγῳδίας δύναμις καὶ ἄνευ ἀγῶνος καὶ ὑποκριτῶν ἐστίν. Ἔτι δὲ κυριωτέρα περὶ τὴν ἀπεργασίαν τῶν ὄψεων ἡ τοῦ σκευοποιοῦ τέχνη τῆς τῶν ποιητῶν ἐστίν.

ΚΕΦΑΛΑΙΟΝ Ζ'.

VII. De l'étendue de l'action.

Διωρισμένων δὲ τούτων, λέγωμεν μετὰ ταῦτα ποίαν τινὰ δεῖ τὴν σύστασιν εἶναι τῶν πραγμάτων, ἐπειδὴ τοῦτο καὶ πρῶτον καὶ μέγιστον τῆς τραγῳδίας ἐστίν.

Κεῖται δ' ἡμῖν* τὴν τραγῳδίαν τελείας καὶ ὅλης πράξεως εἶναι μίμησιν, ἐχούσης τι μέγεθος · ἔστι γὰρ ὅλον καὶ μηδὲν ἔχον μέγεθος. Ὅλον δ' ἐστὶ τὸ ἔχον ἀρχὴν καὶ μέσον καὶ τελευτήν. Ἀρχὴ δ' ἐστὶν ὃ αὐτὸ μὲν μὴ ἐξ ἀνάγκης μετ' ἄλλο ἐστί, μετ' ἐκεῖνο δ' ἕτερον πέφυκεν εἶναι ἢ γίνεσθαι · τελευτὴ δὲ τοὐναντίον ὃ αὐτὸ μετ' ἄλλο πέφυκεν εἶναι, ἢ ἐξ ἀνάγκης ἢ ὡς ἐπὶ τὸ πολύ, μετὰ δὲ τοῦτο ἄλλο οὐδέν · μέσον δὲ ὃ καὶ αὐτὸ μετ' ἄλλο καὶ μετ' ἐκεῖνο ἕτερον*. Δεῖ ἄρα τοὺς συνεστῶτας εὖ μύθους μήθ' ὁπόθεν ἔτυχεν ἄρχεσθαι μήθ' ὅπου ἔτυχε τελευτᾶν, ἀλλὰ κεχρῆσθαι ταῖς εἰρημέναις ἰδέαις.

Ἔτι δ' ἐπεὶ τὸ καλὸν καὶ ζῷον καὶ ἅπαν πρᾶγμα ὃ συνέστηκεν ἔκ τινων, οὐ μόνον ταῦτα τεταγμένα δεῖ ἔχειν, ἀλλὰ καὶ μέγεθος ὑπάρχειν μὴ τὸ τυχόν* · τὸ γὰρ καλὸν ἐν μεγέθει καὶ τάξει ἐστί, διὸ οὔτε πάμμικρον ἄν τι γένοιτο καλὸν ζῷον* · συγχεῖται

γὰρ ἡ θεωρία ἐγγὺς τοῦ ἀναισθήτου χρόνου γινο-
μένη· οὔτε παμμέγεθες· οὐ γὰρ ἅμα ἡ θεωρία γίνεται, ἀλλ' οἴχεται τοῖς θεωροῦσι τὸ ἓν καὶ τὸ ὅλον
ἐκ τῆς θεωρίας, οἷον εἰ μυρίων σταδίων εἴη ζῷον.
Ὥστε δεῖ καθάπερ ἐπὶ τῶν σωμάτων καὶ ἐπὶ τῶν
ζῴων ἔχειν μὲν μέγεθος, τοῦτο δὲ εὐσύνοπτον εἶναι, οὕτω καὶ ἐπὶ τῶν μύθων ἔχειν μὲν μῆκος,
τοῦτο δ' εὐμνημόνευτον εἶναι. Τοῦ [δὲ] μήκους ὅρος
πρὸς μὲν τοὺς ἀγῶνας καὶ τὴν αἴσθησιν οὐ τῆς τέχνης ἐστίν·* εἰ γὰρ ἔδει ἑκατὸν τραγῳδίας ἀγωνί-
ζεσθαι, πρὸς κλεψύδρας ἂν ἠγωνίζοντο, ὥσπερ ποτὲ
καὶ ἄλλοτέ φασιν. Ὁ δὲ κατ' αὐτὴν τὴν φύσιν τοῦ
πράγματος ὅρος, ἀεὶ μὲν ὁ μείζων μέχρι τοῦ σύν-
δηλος εἶναι καλλίων ἐστὶ κατὰ τὸ μέγεθος*· ὡς δὲ
ἁπλῶς διορίσαντας εἰπεῖν, ἐν ὅσῳ μεγέθει κατὰ τὸ
εἰκὸς ἢ τὸ ἀναγκαῖον ἐφεξῆς γιγνομένων συμβαίνει
εἰς εὐτυχίαν ἐκ δυστυχίας ἢ ἐξ εὐτυχίας εἰς δυστυχίαν μεταβάλλειν, ἱκανὸς ὅρος ἐστὶ τοῦ μεγέθους.

ΚΕΦΑΛΑΙΟΝ Η'.

VIII. De l'unité de l'action.

Μῦθος δ' ἐστὶν εἷς, οὐχ ὥσπερ τινὲς οἴονται, ἐὰν
περὶ ἕνα ᾖ· πολλὰ γὰρ καὶ ἄπειρα τῷ ἑνὶ* συμβαίνει, ἐξ ὧν ἐνίων οὐδέν ἐστιν ἕν· οὕτω δὲ καὶ πράξεις ἑνὸς πολλαί εἰσιν ἐξ ὧν μία οὐδεμία γίνεται

πρᾶξις. Διὸ πάντες ἐοίκασιν ἁμαρτάνειν, ὅσοι τῶν ποιητῶν Ἡρακληΐδα* [καὶ] Θησηΐδα* καὶ τὰ τοιαῦτα ποιήματα πεποιήκασιν· οἴονται γὰρ ἐπεὶ εἷς ἦν ὁ Ἡρακλῆς, ἕνα καὶ τὸν μῦθον εἶναι προσήκειν. Ὁ δ' Ὅμηρος, ὥσπερ καὶ τὰ ἄλλα διαφέρει, καὶ τοῦτ' ἔοικε καλῶς ἰδεῖν, ἤτοι διὰ τέχνην ἢ διὰ φύσιν· Ὀδύσσειαν γὰρ ποιῶν οὐκ ἐποίησεν ἅπαντα ὅσα αὐτῷ συνέβη, οἷον πληγῆναι μὲν ἐν τῷ Παρνασσῷ, μανῆναι* δὲ προσποιήσασθαι ἐν τῷ ἀγερμῷ, ὧν οὐδὲν θατέρου γενομένου ἀναγκαῖον ἦν ἢ εἰκὸς θάτερον γενέσθαι, ἀλλὰ περὶ μίαν πρᾶξιν, οἵαν λέγομεν, τὴν Ὀδύσσειαν συνέστησεν, ὁμοίως δὲ καὶ τὴν Ἰλιάδα.

Χρὴ οὖν, καθάπερ καὶ ἐν ταῖς ἄλλαις μιμητικαῖς ἡ μία μίμησις ἑνός ἐστιν, οὕτω καὶ τὸν μῦθον, ἐπεὶ πράξεως μίμησίς ἐστι, μιᾶς τε εἶναι ταύτης καὶ ὅλης, καὶ τὰ μέρη συνεστάναι τῶν πραγμάτων οὕτως ὥστε μετατιθεμένου τινὸς μέρους ἢ ἀφαιρουμένου διαφέρεσθαι καὶ κινεῖσθαι τὸ ὅλον· ὃ γὰρ προσὸν ἢ μὴ προσὸν μηδὲν ποιεῖ ἐπίδηλον, οὐδὲν μόριον τοῦ ὅλου ἐστίν*.

ΚΕΦΑΛΑΙΟΝ Θ'.

IX. § 1. Digression : comparaison de l'histoire et de la poésie De l'élément historique dans le drame.

Φανερὸν δὲ ἐκ τῶν εἰρημένων καὶ ὅτι οὐ τὸ τὰ γενόμενα λέγειν, τοῦτο ποιητοῦ ἔργον ἐστίν, ἀλλ᾽ οἷα ἂν γένοιτο, καὶ τὰ δυνατὰ κατὰ τὸ εἰκὸς ἢ τὸ ἀναγκαῖον. Ὁ γὰρ ἱστορικὸς καὶ ὁ ποιητὴς οὐ τῷ ἢ ἔμμετρα λέγειν ἢ ἄμετρα δια- φέρουσιν· εἴη γὰρ ἂν τὰ Ἡροδότου εἰς μέτρα τεθῆναι, καὶ οὐδὲν ἧττον ἂν εἴη ἱστορία τις μετὰ μέτρου ἢ ἄνευ μέτρων· ἀλλὰ τούτῳ διαφέρει, τῷ τὸν μὲν τὰ γενόμενα λέγειν, τὸν δὲ οἷα ἂν γέ- νοιτο. Διὸ καὶ φιλοσοφώτερον* καὶ σπουδαιότερον* ποίησις ἱστορίας ἐστίν· ἡ μὲν γὰρ ποίησις μᾶλλον τὰ καθόλου, ἡ δ᾽ ἱστορία τὰ καθ᾽ ἕκαστον λέγει. Ἔστι δὲ καθόλου μέν, τῷ ποίῳ τὰ ποῖ᾽ ἄττα συμ- βαίνει λέγειν ἢ πράττειν κατὰ τὸ εἰκὸς ἢ τὸ ἀναγ- καῖον, οὗ στοχάζεται ἡ ποίησις ὀνόματα ἐπιτιθε- μένη*· τὸ δὲ καθ᾽ ἕκαστον, τί Ἀλκιβιάδης ἔπραξεν ἢ τί ἔπαθεν. Ἐπὶ μὲν οὖν τῆς κωμῳδίας ἤδη τοῦτο δῆλον γέγονεν· συστήσαντες γὰρ τὸν μῦθον διὰ τῶν εἰκότων οὕτω τὰ τυχόντα ὀνόματα ἐπιτιθέασιν, καὶ οὐχ ὥσπερ οἱ ἰαμβοποιοὶ περὶ τῶν καθ᾽ ἕκαστον ποιοῦσιν. Ἐπὶ δὲ τῆς τραγῳδίας τῶν γενομένων ὀνομάτων* ἀντέχονται· αἴτιον δ᾽ ὅτι πιθανόν ἐστι τὸ δυνατόν· τὰ μὲν οὖν μὴ γενόμενα οὔπω πιστεύο- μεν εἶναι δυνατά, τὰ δὲ γενόμενα φανερὸν ὅτι δυ- νατά· οὐ γὰρ ἂν ἐγένετο, εἰ ἦν ἀδύνατα. Οὐ μὴν ἀλλὰ καὶ ἐν ταῖς τραγῳδίαις ἐνίαις μὲν ἓν ἢ δύο τῶν γνωρίμων ἐστὶν ὀνομάτων, τὰ δὲ ἄλλα πεποιη- μένα· ἐν ἐνίαις δὲ οὐθέν, οἷον ἐν τῷ Ἀγάθωνος Ἄνθει*· ὁμοίως γὰρ ἐν τούτῳ τά τε πράγματα καὶ τὰ ὀνόματα πεποίηται, καὶ οὐδὲν ἧττον εὐφραίνει. Ὥστ᾽ οὐ πάντως εἶναι ζητητέον τῶν παραδεδομένων μύθων, περὶ οὓς αἱ τραγῳδίαι εἰσίν, ἀντέχεσθαι. Καὶ γὰρ γελοῖον τοῦτο ζητεῖν, ἐπεὶ καὶ τὰ γνώριμα ὀλίγοις γνώριμά ἐστιν*, ἀλλ᾽ ὅμως εὐφραίνει πάντας.

Δῆλον οὖν ἐκ τούτων ὅτι τὸν ποιητὴν μᾶλλον τῶν μύθων εἶναι δεῖ ποιητὴν ἢ τῶν μέτρων, ὅσῳ ποιητής ἐστι κατὰ τὴν μίμησίν ἐστι, μιμεῖται δὲ τὰς πράξεις. Κἂν ἄρα συμβῇ γενόμενα ποιεῖν, οὐθὲν ἧττον ποιητής ἐστιν· τῶν γὰρ γενομένων ἔνια οὐδὲν κωλύει τοιαῦτα εἶναι οἷα ἂν εἰκὸς γενέσθαι καὶ δυνατὰ γενέσθαι, καθ᾽ ὃ ἐκεῖνος αὐτῶν ποιητής ἐστιν.

§ 2. Abus des épisodes dans le drame. De la surprise considérée comme moyen dramatique.

Τῶν δὲ ἁπλῶν* μύθων καὶ πράξεων αἱ ἐπεισοδιώδεις εἰσὶ χείρισται. Λέγω δ᾽ ἐπεισοδιώδη* μῦθον, ἐν ᾧ τὰ ἐπεισόδια μετ᾽ ἄλληλα οὔτ᾽ εἰκὸς οὔτ᾽ ἀνάγκη εἶναι. Τοιαῦται. δὲ ποιοῦνται ὑπὸ μὲν τῶν φαύλων ποιητῶν δι᾽ αὐτούς, ὑπὸ δὲ τῶν ἀγαθῶν διὰ τοὺς ὑποκριτάς*· ἀγωνίσματα* γὰρ ποιοῦντες, καὶ παρὰ τὴν δύναμιν παρατείναντες μῦθον, πολλάκις διαστρέφειν ἀναγκάζονται τὸ ἐφεξῆς. Ἐπεὶ δὲ οὐ μόνον τελείας ἐστὶ πράξεως ἡ μίμησις ἀλλὰ καὶ φοβερῶν καὶ ἐλεεινῶν*, ταῦτα δὲ γίνεται καὶ μά-

λιστα,... καὶ μᾶλλον ὅταν γένηται παρὰ τὴν δόξαν, δι' ἄλληλα· τὸ γὰρ θαυμαστὸν οὕτως ἕξει
μᾶλλον ἢ εἰ ἀπὸ τοῦ αὐτομάτου καὶ τῆς τύχης,
ἐπεὶ καὶ τῶν ἀπὸ τύχης ταῦτα θαυμασιώτατα δοκεῖ, ὅσα ὥσπερ ἐπίτηδες φαίνεται γεγονέναι, οἷον
ὡς ὁ ἀνδριὰς ὁ τοῦ Μίτυος ἐν Ἄργει ἀπέκτεινε τὸν
αἴτιον τοῦ θανάτου τῷ Μίτυϊ, θεωροῦντι ἐμπεσών*·
ἔοικε γὰρ τὰ τοιαῦτα οὐκ εἰκῇ γενέσθαι· ὥστε
ἀνάγκη τοὺς τοιούτους εἶναι καλλίους μύθους.

ΚΕΦΑΛΑΙΟΝ Ι'.

X. De l'action simple et de l'action implexe.

Εἰσὶ δὲ τῶν μύθων οἱ μὲν ἁπλοῖ οἱ δὲ πεπλεγ=
μένοι· καὶ γὰρ αἱ πράξεις, ὧν μιμήσεις οἱ μῦθοί
εἰσιν, ὑπάρχουσιν εὐθὺς οὖσαι τοιαῦται. Λέγω δὲ
ἁπλῆν μὲν πρᾶξιν, ἧς γινομένης, ὥσπερ ὥρισται,
συνεχοῦς καὶ μιᾶς ἄνευ περιπετείας* ἢ ἀναγνωρισμοῦ
ἡ μετάβασις γίνεται· πεπλεγμένην δέ, ἐξ ἧς μετ'
ἀναγνωρισμοῦ ἢ περιπετείας ἢ ἀμφοῖν ἡ μετάβασίς
ἐστιν. Ταῦτα δὲ δεῖ γίνεσθαι ἐξ αὐτῆς τῆς συστάσεως τοῦ μύθου, ὥστε ἐκ τῶν προγεγενημένων συμβαίνειν ἢ ἐξ ἀνάγκης ἢ κατὰ τὸ εἰκὸς γίνεσθαι
ταῦτα· διαφέρει γὰρ πολὺ τὸ γίνεσθαι τάδε διὰ
τάδε ἢ μετὰ τάδε.

ΚΕΦΑΛΑΙΟΝ ΙΑ΄.

XI. Éléments de l'action implexe : péripétie, reconnaissance, événement tragique.

Ἔστι δὲ περιπέτεια μὲν ἡ εἰς τὸ ἐναντίον τῶν πραττομένων μεταβολή, καθάπερ εἴρηται· καὶ τοῦτο δέ, ὥσπερ λέγομεν, κατὰ τὸ εἰκὸς ἢ ἀναγκαῖον, ὥσπερ ἐν τῷ Οἰδίποδι[1] ἐλθὼν ὡς εὐφρανῶν τὸν Οἰδίπουν καὶ ἀπαλλάξων τοῦ πρὸς τὴν μητέρα φόβου, δηλώσας ὃς ἦν, τοὐναντίον ἐποίησεν· καὶ ἐν τῷ Λυγκεῖ* ὁ μὲν ἀγόμενος ὡς ἀποθανούμενος, ὁ δὲ Δαναὸς ἀκολουθῶν ὡς ἀποκτενῶν· τὸν μὲν συνέβη ἐκ τῶν πεπραγμένων ἀποθανεῖν, τὸν δὲ σωθῆναι.

Ἀναγνώρισις δ' ἐστίν, ὥσπερ καὶ τοὔνομα σημαίνει, ἐξ ἀγνοίας εἰς γνῶσιν μεταβολὴ ἢ εἰς φιλίαν ἢ εἰς ἔχθραν τῶν πρὸς εὐτυχίαν ἢ δυστυχίαν ὡρισμένων*. Καλλίστη δὲ ἀναγνώρισις, ὅταν ἅμα περιπέτειαι γίνωνται, οἷον ἔχει ἡ ἐν τῷ Οἰδίποδι[2]. Εἰσὶ μὲν οὖν καὶ ἄλλαι ἀναγνωρίσεις· καὶ γὰρ πρὸς ἄψυχα καὶ τὰ τυχόντα ἔστιν ὅτε, ὥσπερ εἴρηται, συμβαίνει· καὶ εἰ πέπραγέ τις ἢ μὴ πέπραγεν, ἔστιν ἀναγνωρίσαι· ἀλλ' ἡ μάλιστα τοῦ μύθου καὶ ἡ μάλιστα τῆς πράξεως ἡ εἰρημένη ἐστίν. Ἡ γὰρ τοιαύτη ἀναγνώρισις καὶ περιπέτεια ἢ ἔλεον ἕξει ἢ φόβον, οἵων πράξεων ἡ τραγῳδία μίμησις

---

1. *OEdipe roi*, v. 924-1185. — 2. *Ibid.*, v. 1182 et 1260.

ὑπόκειται. Ἔτι δὲ καὶ τὸ ἀτυχεῖν καὶ τὸ εὐτυχεῖν ἐπὶ τῶν τοιούτων συμβήσεται. Ἐπεὶ δὴ ἡ ἀναγνώρισις τινῶν ἐστιν ἀναγνώρισις, αἱ μὲν θατέρου πρὸς τὸν ἕτερον μόνον, ὅταν ᾖ δῆλος ἕτερος τίς ἐστιν, ὁτὲ δ' ἀμφοτέρους δεῖ ἀναγνωρίσαι, οἷον ἡ μὲν Ἰφιγένεια τῷ Ὀρέστῃ ἀνεγνωρίσθη ἐκ τῆς πέμψεως τῆς ἐπιστολῆς*, ἐκείνῳ δὲ πρὸς τὴν Ἰφιγένειαν ἄλλης ἔδει ἀναγνωρίσεως[1].

Δύο μὲν οὖν τοῦ μύθου μέρη περὶ ταῦτ' ἐστί, περιπέτεια καὶ ἀναγνώρισις· τρίτον δὲ πάθος*. Τούτων δὲ περιπέτεια μὲν καὶ ἀναγνώρισις εἴρηται, πάθος δ' ἐστὶ πρᾶξις φθαρτικὴ ἢ ὀδυνηρά, οἷον οἵ τε ἐν τῷ φανερῷ θάνατοι καὶ αἱ περιωδυνίαι καὶ τρώσεις καὶ ὅσα τοιαῦτα*.

ΚΕΦΑΛΑΙΟΝ ΙΒ'.

XII. Divisions de la tragédie par rapport à l'étendue.

*Μέρη δὲ τραγῳδίας, οἷς μὲν ὡς εἴδεσι δεῖ χρῆσθαι, πρότερον εἴπομεν· κατὰ δὲ τὸ ποσὸν καὶ εἰς ἃ διαιρεῖται κεχωρισμένα, τάδε ἐστί· πρόλογος, ἐπεισόδιον, ἔξοδος, χορικόν, καὶ τούτου τὸ μὲν πάροδος τὸ δὲ στάσιμον· κοινὰ μὲν ἁπάντων ταῦτα· ἴδια δὲ τὰ ἀπὸ τῆς σκηνῆς καὶ κόμμοι.

Ἔστι δὲ πρόλογος* μὲν μέρος ὅλον τραγῳδίας τὸ

1. *Iphigénie en Tauride*, v. 759-792, 811-826.

πρὸ χοροῦ παρόδου, ἐπεισόδιον* δὲ μέρος ὅλον τραγῳδίας τὸ μεταξὺ ὅλων χορικῶν μελῶν, ἔξοδος* δὲ
μέρος ὅλον τραγῳδίας μεθ’ ὃ οὐκ ἔστι χοροῦ μέλος·
χορικοῦ δὲ πάροδος* μὲν ἡ πρώτη λέξις ὅλου χοροῦ,
στάσιμον* δὲ μέλος χοροῦ τὸ ἄνευ ἀναπαίστου καὶ
τροχαίου, κόμμος* δὲ θρῆνος κοινὸς χοροῦ καὶ ἀπὸ
σκηνῆς.

Μέρη δὲ τραγῳδίας, οἷς μὲν δεῖ χρῆσθαι, πρότερον εἴπαμεν· κατὰ δὲ τὸ ποσὸν καὶ εἰς ἃ διαιρεῖται
κεχωρισμένα, ταῦτ’ ἐστίν.

ΚΕΦΑΛΑΙΟΝ ΙΓ΄.

XIII. Des qualités de la fable par rapport aux personnes.
Du dénoûment.

Ὧν δὲ δεῖ στοχάζεσθαι καὶ ἃ δεῖ εὐλαβεῖσθαι
συνίσταντας τοὺς μύθους, καὶ πόθεν ἔσται τὸ τῆς
τραγῳδίας ἔργον, ἐφεξῆς ἂν εἴη λεκτέον τοῖς νῦν εἰρημένοις.

Ἐπειδὴ οὖν δεῖ τὴν σύνθεσιν εἶναι τῆς καλλί-
στης τραγῳδίας μὴ ἁπλῆν ἀλλὰ πεπλεγμένην, καὶ
ταύτην φοβερῶν καὶ ἐλεεινῶν εἶναι μιμητικήν
(τοῦτο γὰρ ἴδιον τῆς τοιαύτης μιμήσεως ἐστίν),
πρῶτον μὲν δῆλον ὅτι οὔτε τοὺς ἐπιεικεῖς ἄνδρας
δεῖ μεταβάλλοντας φαίνεσθαι ἐξ εὐτυχίας εἰς δυστυχίαν (οὐ γὰρ φοβερὸν οὐδὲ ἐλεεινὸν τοῦτο, ἀλλὰ
μιαρόν* ἐστιν), οὔτε τοὺς μοχθηροὺς ἐξ ἀτυχίας εἰς

εὐτυχίαν (ἀτραγῳδότατον γὰρ τοῦτ' ἐστὶ πάντων·
οὐδὲν γὰρ ἔχει ὧν δεῖ· οὔτε γὰρ φιλάνθρωπον* οὔτε
ἐλεεινὸν οὔτε φοβερόν ἐστιν)· οὐδ' αὖ τὸν σφόδρα
πονηρὸν ἐξ εὐτυχίας εἰς δυστυχίαν μεταπίπτειν*·
τὸ μὲν γὰρ φιλάνθρωπον ἔχοι ἂν ἡ τοιαύτη σύστασις, ἀλλ' οὔτε ἔλεον οὔτε φόβον· ὁ μὲν γὰρ περὶ
τὸν ἀνάξιόν ἐστι δυστυχοῦντα, ὁ δὲ περὶ τὸν
ὅμοιον· ἔλεος μὲν περὶ τὸν ἀνάξιον, φόβος δὲ περὶ
τὸν ὅμοιον*· ὥστε οὔτε ἐλεεινὸν οὔτε φοβερὸν ἔσται
τὸ συμβαῖνον. Ὁ μεταξὺ ἄρα τούτων λοιπός· ἔστι
δὲ τοιοῦτος ὁ μήτε ἀρετῇ διαφέρων καὶ δικαιοσύνῃ,
μήτε διὰ κακίαν καὶ μοχθηρίαν μεταβάλλων εἰς τὴν
δυστυχίαν, ἀλλὰ δι' ἁμαρτίαν τινά, τῶν ἐν μεγάλῃ
δόξῃ ὄντων καὶ εὐτυχίᾳ, οἷον Οἰδίπους καὶ Θυέστης*
καὶ οἱ ἐκ τῶν τοιούτων γενῶν ἐπιφανεῖς ἄνδρες.

Ἀνάγκη ἄρα τὸν καλῶς ἔχοντα μῦθον ἁπλοῦν* εἶναι μᾶλλον ἢ διπλοῦν, ὥσπερ τινές φασιν*, καὶ μεταβάλλειν οὐκ εἰς εὐτυχίαν ἐκ δυστυχίας, ἀλλὰ
τοὐναντίον ἐξ εὐτυχίας εἰς δυστυχίαν, μὴ διὰ μοχθηρίαν, ἀλλὰ δι' ἁμαρτίαν μεγάλην, ἢ οἵου εἴρηται,
ἢ βελτίονος μᾶλλον ἢ χείρονος. Σημεῖον δὲ καὶ
τὸ γιγνόμενον· πρὸ τοῦ μὲν γὰρ οἱ ποιηταὶ τοὺς
τυχόντας μύθους ἀπηρίθμουν, νῦν δὲ περὶ ὀλίγας
οἰκίας αἱ κάλλισται τραγῳδίαι συντίθενται, οἷον
περὶ Ἀλκμαίωνα* καὶ Οἰδίπουν καὶ Ὀρέστην* καὶ
Μελέαγρον* καὶ Θυέστην καὶ Τήλεφον*, καὶ ὅσοις
ἄλλοις συμβέβηκεν ἢ παθεῖν δεινὰ ἢ ποιῆσαι.

Ἡ μὲν οὖν κατὰ τὴν τέχνην καλλίστη τραγῳδία ἐκ ταύτης τῆς συστάσεως ἐστίν. Διὸ καὶ οἱ Εὐριπίδῃ ἐγκαλοῦντες τοῦτ᾽ αὐτὸ ἁμαρτάνουσιν,‑ ὅτι τοῦτο δρᾷ ἐν ταῖς τραγῳδίαις καὶ πολλαὶ αὐτοῦ εἰς δυστυχίαν τελευτῶσιν. Τοῦτο γάρ ἐστιν, ὥσπερ εἴρηται, ὀρθόν. Σημεῖον δὲ μέγιστον · ἐπὶ γὰρ τῶν σκηνῶν καὶ τῶν ἀγώνων τραγικώταται αἱ τοιαῦται φαίνονται, ἂν κατορθωθῶσιν· καὶ ὁ Εὐριπίδης, εἰ καὶ τὰ ἄλλα μὴ εὖ οἰκονομεῖ, ἀλλὰ τραγικώτατός γε τῶν ποιητῶν* φαίνεται.

Δευτέρα δ᾽ ἡ πρώτη λεγομένη ὑπὸ τινῶν ἐστι σύστασις, ἡ διπλῆν τε τὴν σύστασιν ἔχουσα, καθάπερ ἡ Ὀδύσσεια, καὶ τελευτῶσα ἐξ ἐναντίας τοῖς βελτίοσι καὶ χείροσιν. Δοκεῖ δὲ εἶναι πρώτη διὰ τὴν τῶν θεάτρων ἀσθένειαν*· ἀκολουθοῦσι γὰρ οἱ ποιηταὶ κατ᾽ εὐχὴν ποιοῦντες τοῖς θεαταῖς. Ἔστι δὲ οὐχ αὕτη ἀπὸ τραγῳδίας ἡδονή, ἀλλὰ μᾶλλον τῆς κωμῳδίας οἰκεία*· ἐκεῖ γάρ, ἂν οἱ ἔχθιστοι ὦσιν ἐν τῷ μύθῳ, οἷον Ὀρέστης καὶ Αἴγισθος, φίλοι γενόμενοι ἐπὶ τελευτῆς ἐξέρχονται, καὶ ἀποθνήσκει οὐδεὶς ὑπ᾽ οὐδενός.

ΚΕΦΑΛΑΙΟΝ ΙΔ΄.

XIV. Continuation du même sujet : de l'événement tragique dans la fable. Pourquoi la plupart des sujets tragiques sont fournis par l'histoire.

Ἔστι μὲν οὖν τὸ φοβερὸν καὶ ἐλεεινὸν ἐκ τῆς

ὄψεως γίνεσθαι· ἔστι δὲ καὶ ἐξ αὐτῆς τῆς συστάσεως τῶν πραγμάτων, ὅπερ ἐστὶ πρότερον καὶ ποιητοῦ ἀμείνονος. Δεῖ γὰρ καὶ ἄνευ τοῦ ὁρᾶν οὕτω
συνεστάναι τὸν μῦθον ὥστε τὸν ἀκούοντα τὰ πράγματα γινόμενα καὶ φρίττειν καὶ ἐλεεῖν ἐκ τῶν συμ-
βαινόντων· ἅπερ ἂν πάθοι τις ἀκούων τὸν τοῦ
Οἰδίποδος μῦθον. Τὸ δὲ διὰ τῆς ὄψεως τοῦτο παρασκευάζειν ἀτεχνότερον καὶ χορηγίας δεόμενόν ἐστιν*.
Οἱ δὲ μὴ τὸ φοβερὸν διὰ τῆς ὄψεως ἀλλὰ τὸ τερατῶδες* μόνον παρασκευάζοντες οὐδὲν τραγῳδίᾳ* κοι-
νωνοῦσιν· οὐ γὰρ πᾶσαν δεῖ ζητεῖν ἡδονὴν ἀπὸ τραγῳδίας, ἀλλὰ τὴν οἰκείαν.

Ἐπεὶ δὲ τὴν ἀπὸ ἐλέου καὶ φόβου διὰ μιμήσεως δεῖ ἡδονὴν παρασκευάζειν τὸν ποιητήν, φανερὸν ὡς τοῦτο ἐν τοῖς πράγμασιν ἐμποιητέον. Ποῖα
οὖν δεινὰ ἢ ποῖα οἰκτρὰ φαίνεται τῶν συμπιπτόν-
των, λάβωμεν*.

Ἀνάγκη δὲ ἢ φίλων εἶναι πρὸς ἀλλήλους τὰς
τοιαύτας πράξεις ἢ ἐχθρῶν ἢ μηδετέρων. Ἂν μὲν
οὖν ἐχθρὸς ἐχθρὸν ἀποκτείνῃ, οὐδὲν ἐλεεινὸν οὔτε
ποιῶν οὔτε μέλλων δείκνυσι, πλὴν κατ' αὐτὸ τὸ
πάθος· οὐδ' ἂν μηδετέρως ἔχοντες. Ὅταν δ' ἐν
ταῖς φιλίαις ἐγγένηται τὰ πάθη, οἷον εἰ ἀδελφὸς
ἀδελφὸν ἢ υἱὸς πατέρα ἢ μήτηρ υἱὸν ἢ υἱὸς μητέρα
ἀποκτείνει ἢ μέλλει ἢ τι ἄλλο τοιοῦτον δρᾷ,
ταῦτα ζητητέον. Τοὺς μὲν οὖν παρειλημμένους μύθους λύειν οὐκ ἔστιν, λέγω δὲ οἷον τὴν Κλυται-

μνήστραν ἀποθανοῦσαν ὑπὸ τοῦ Ὀρέστου καὶ τὴν
Ἐριφύλην ὑπὸ τοῦ Ἀλκμαίωνος· αὐτὸν δὲ εὑρί-
σκειν δεῖ, καὶ τοῖς παραδεδομένοις χρῆσθαι καλῶς.
Τὸ δὲ καλῶς τί λέγομεν, εἴπωμεν σαφέστερον.

Ἔστι μὲν γὰρ οὕτω γίνεσθαι τὴν πρᾶξιν ὥσπερ
οἱ παλαιοὶ* ἐποίουν, εἰδότας καὶ γινώσκοντας, καθάπερ καὶ Εὐριπίδης ἐποίησεν ἀποκτείνουσαν τοὺς
παῖδας τὴν Μήδειαν[1]· ἔστι δὲ πρᾶξαι μέν, ἀγνοοῦν-
τας δὲ πρᾶξαι τὸ δεινόν, εἶθ᾿ ὕστερον ἀναγνωρίσαι
τὴν φιλίαν, ὥσπερ ὁ Σοφοκλέους Οἰδίπους. Τοῦτο
μὲν οὖν ἔξω τοῦ δράματος, ἐν δ᾿ αὐτῇ τῇ τραγῳδίᾳ, οἷον ὁ Ἀλκμαίων ὁ Ἀστυδάμαντος ἢ ὁ Τηλέ-
γονος ὁ ἐν τῷ Τραυματίᾳ Ὀδυσσεῖ*. Ἔτι δὲ τρίτον
παρὰ ταῦτα τὸ μέλλοντα ποιεῖν τι τῶν ἀνηκέστων
δι᾿ ἄγνοιαν ἀναγνωρίσαι πρὶν ποιῆσαι. Καὶ παρὰ
ταῦτα οὐκ ἔστιν ἄλλως· ἢ γὰρ πρᾶξαι ἀνάγκη ἢ
μή, καὶ εἰδότας ἢ μὴ εἰδότας.

Τούτων δὲ τὸ μὲν γινώσκοντα μελλῆσαι καὶ μὴ
πρᾶξαι χείριστον· τό τε γὰρ μιαρὸν ἔχει, καὶ οὐ
τραγικόν· ἀπαθὲς γάρ. Διόπερ οὐδεὶς ποιεῖ ὁμοίως,
εἰ μὴ ὀλιγάκις, οἷον ἐν Ἀντιγόνῃ[2]* τὸν Κρέοντα ὁ
Αἵμων. Τὸ δὲ πρᾶξαι δεύτερον. Βέλτιον δὲ τὸ
ἀγνοοῦντα μὲν πρᾶξαι, πράξαντα δὲ ἀναγνωρίσαι·
τό τε γὰρ μιαρὸν οὐ πρόσεστι, καὶ ἡ ἀναγνώρισις
ἐκπληκτικόν.

---

1. V. 1236. — 2. Cf. Sophocle, *Antigone*, v. 1230-1235.

Κράτιστον δὲ τὸ τελευταῖον, λέγω δὲ οἷον ἐν τῷ Κρεσφόντῃ* ἡ Μερόπη μέλλει τὸν υἱὸν ἀποκτείνειν, ἀποκτείνει δὲ οὔ, ἀλλ' ἀνεγνώρισεν· καὶ ἐν τῇ Ἰφιγενείᾳ¹ ἡ ἀδελφὴ τὸν ἀδελφόν, καὶ ἐν τῇ Ἕλλῃ* ὁ υἱὸς τὴν μητέρα ἐκδιδόναι μέλλων ἀνεγνώρισεν.

Διὰ γὰρ τοῦτο, ὅπερ πάλαι εἴρηται, οὐ περὶ πολλὰ γένη αἱ τραγῳδίαι εἰσίν. Ζητοῦντες γὰρ οὐκ ἀπὸ τέχνης ἀλλ' ἀπὸ τύχης εὗρον τὸ τοιοῦτον παρασκευάζειν ἐν τοῖς μύθοις· ἀναγκάζονται οὖν ἐπὶ ταύτας τὰς οἰκίας ἀπαντᾶν, ὅσαις τὰ τοιαῦτα συμβέβηκε πάθη*.

Περὶ μὲν οὖν τῆς τῶν πραγμάτων συστάσεως, καὶ ποίους τινὰς εἶναι δεῖ τοὺς μύθους, εἴρηται ἱκανῶς.

ΚΕΦΑΛΑΙΟΝ ΙΕ'.

XV. § 1. Des mœurs dans la tragédie.

Περὶ δὲ τὰ ἤθη τέτταρά ἐστιν ὧν δεῖ στοχάζεσθαι, ἓν μὲν καὶ πρῶτον, ὅπως χρηστὰ ᾖ. Ἕξει δὲ ἦθος μέν, ἐάν, ὥσπερ ἐλέχθη, ποιῇ φανερὰν ὁ λόγος ἢ ἡ πρᾶξις προαίρεσίν τινα, φαῦλον μὲν ἐὰν φαύλην, χρηστὸν δ' ἐὰν χρηστήν. Ἔστι δὲ ἐν ἑκάστῳ γένει· καὶ γὰρ γυνή ἐστι χρηστὴ* καὶ δοῦλος· καίτοι

---

1. Iphigénie en Tauride, v. 609-830.

γε ἴσως τούτων τὸ μὲν χεῖρον, τὸ δὲ ὅλως φαῦλόν ἐστιν.

Δεύτερον δὲ τὰ ἁρμόττοντα*. Ἔστι γὰρ ἀνδρεῖον μὲν τὸ ἦθος, ἀλλ᾽ οὐχ ἁρμόττον γυναικὶ τὸ ἀνδρείαν ἢ δεινὴν εἶναι.

Τρίτον δὲ τὸ ὅμοιον· τοῦτο γὰρ ἕτερον τοῦ χρηστὸν τὸ ἦθος καὶ ἁρμόττον ποιῆσαι, ὥσπερ εἴρηται.

Τέταρτον δὲ τὸ ὁμαλόν· κἂν γὰρ ἀνώμαλός τις ᾖ ὁ τὴν μίμησιν παρέχων καὶ τοιοῦτον ἦθος ὑποτιθείς, ὅμως ὁμαλῶς ἀνώμαλον δεῖ εἶναι.

Ἔστι δὲ παράδειγμα πονηρίας μὲν ἤθους μὴ ἀναγκαῖον οἷον ὁ Μενέλαος ὁ ἐν τῷ Ὀρέστῃ*, τοῦ δὲ ἀπρεποῦς καὶ μὴ ἁρμόττοντος ὅ τε θρῆνος Ὀδυσσέως ἐν τῇ Σκύλλῃ* καὶ ἡ τῆς Μελανίππης* ῥῆσις, τοῦ δὲ ἀνωμάλου ἡ ἐν Αὐλίδι Ἰφιγένεια· οὐδὲν γὰρ ἔοικεν ἡ ἱκετεύουσα τῇ ὑστέρᾳ*.

Χρὴ δὲ καὶ ἐν τοῖς ἤθεσιν, ὥσπερ καὶ ἐν τῇ τῶν πραγμάτων συστάσει, ἀεὶ ζητεῖν ἢ τὸ ἀναγκαῖον ἢ τὸ εἰκός, ὥστε τὸν τοιοῦτον τὰ τοιαῦτα λέγειν ἢ πράττειν ἢ ἀναγκαῖον ἢ εἰκός, καὶ τοῦτο μετὰ τοῦτο γίνεσθαι ἢ ἀναγκαῖον ἢ εἰκός....

§ 2. De ce qu'il convient de mettre sur la scène; de l'art d'embellir les caractères.

Φανερὸν οὖν ὅτι καὶ τὰς λύσεις τῶν μύθων ἐξ αὐτοῦ δεῖ τοῦ μύθου συμβαίνειν, καὶ μή, ὥσπερ ἐν τῇ Μηδείᾳ[1]*, ἀπὸ μηχανῆς, καὶ ἐν τῇ Ἰλιάδι[2] τὰ περὶ τὸν ἀπόπλουν* · ἀλλὰ μηχανῇ χρηστέον ἐπὶ τὰ ἔξω τοῦ δράματος ἢ ὅσα πρὸ τοῦ γέγονεν, ἃ οὐχ οἷόν τε ἄνθρωπον εἰδέναι, ἢ ὅσα ὕστερον, ἃ δεῖται προαγορεύσεως καὶ ἀγγελίας· ἅπαντα γὰρ ἀποδίδομεν τοῖς θεοῖς ὁρᾶν. Ἄλογον δὲ μηδὲν εἶναι ἐν τοῖς πράγμασιν· εἰ δὲ μή, ἔξω τῆς τραγῳδίας, οἷον τὰ ἐν τῷ Οἰδίποδι τῷ Σοφοκλέους[3].

Ἐπεὶ δὲ μίμησίς ἐστιν ἡ τραγῳδία βελτιόνων, ἡμᾶς δεῖ μιμεῖσθαι τοὺς ἀγαθοὺς εἰκονογράφους· καὶ γὰρ ἐκεῖνοι ἀποδιδόντες τὴν ἰδίαν μορφήν, ὁμοίους ποιοῦντες, καλλίους γράφουσιν. Οὕτω καὶ τὸν ποιητὴν μιμούμενον καὶ ὀργίλους καὶ ῥᾳθύμους καὶ τἄλλα τὰ τοιαῦτα ἔχοντας ἐπὶ τῶν ἠθῶν, ἐπιεικείας ποιεῖν παράδειγμα* ἢ σκληρότητος* δεῖ, οἷον τὸν Ἀχιλλέα Ἀγάθων καὶ Ὅμηρος....

Ταῦτα δὴ δεῖ διατηρεῖν, καὶ πρὸς τούτοις τὰ παρὰ τὰς ἐξ ἀνάγκης ἀκολουθούσας αἰσθήσεις τῇ ποιητικῇ· καὶ γὰρ κατ' αὐτὰς ἔστιν ἁμαρτάνειν πολλάκις· εἴρηται δὲ περὶ αὐτῶν ἐν τοῖς ἐκδεδομέ-νοις* λόγοις ἱκανῶς.

---

1. Euripide, *Médée*, v. 1321. | 3. *OEdipe roi*, v. 715–
2. *Iliade*, II, 155-181. | 754.

ΚΕΦΑΛΑΙΟΝ Ις'.

XVI. Des quatre espèces de reconnaissances.

Ἀναγνώρισις δὲ τί μέν ἐστιν εἴρηται πρότερον· εἴδη δὲ ἀναγνωρίσεως, πρώτη μὲν ἡ ἀτεχνοτάτη, καὶ ᾗ πλείστῃ χρῶνται δι' ἀπορίαν, ἡ διὰ τῶν σημείων. Τούτων δὲ τὰ μὲν σύμφυτα, οἷον « λόγχην ἣν φοροῦσι Γηγενεῖς* » ἢ ἀστέρας* οἵους ἐν τῷ Θυέστῃ Καρκίνος· τὰ δὲ ἐπίκτητα, καὶ τούτων τὰ μὲν ἐν σώματι, οἷον οὐλαί· τὰ δὲ ἐκτός, τὰ περιδέραια, καὶ οἷον ἐν τῇ Τυροῖ διὰ τῆς σκάφης*. Ἔστι δὲ καὶ τούτοις χρῆσθαι ἢ βέλτιον ἢ χεῖρον, οἷον Ὀδυσσεὺς διὰ τῆς οὐλῆς ἄλλως ἀνεγνωρίσθη ὑπὸ τῆς τροφοῦ[1] καὶ ἄλλως ὑπὸ τῶν συβοτῶν[2]. Εἰσὶ γὰρ αἱ μὲν πίστεως ἕνεκα ἀτεχνότεραι, καὶ αἱ τοιαῦται πᾶσαι, αἱ δὲ ἐκ περιπετείας, ὥσπερ ἡ ἐν τοῖς Νίπτροις[3], βελτίους.

Δεύτεραι δὲ αἱ πεποιημέναι ὑπὸ τοῦ ποιητοῦ, διὸ ἄτεχνοι*· οἷον Ὀρέστης ἐν τῇ Ἰφιγενείᾳ[4] ἀνεγνώρισε τὴν ἀδελφήν, ἀναγνωρισθεὶς ὑπ' ἐκείνης· ἐκείνη μὲν γὰρ διὰ τῆς ἐπιστολῆς, ἐκεῖνος δὲ διὰ σημείων· ταῦτα οὖν αὐτὸς λέγει ἃ βούλεται ὁ ποιητής, ἀλλ' οὐχ ὁ μῦθος. Διὸ ἐγγὺς τῆς εἰρημένης

1. *Odyssée*, XIX, 386 sqq.
2. *Odyssée*, XXI, 217 sqq.
3. *Odyssée*, XIX, 386 sqq.
4. *Iphigénie en Tauride*, vers 759 à 792 et 811 à 826.

ἁμαρτίας ἐστίν· ἐξῆν γὰρ ἂν ἔνια καὶ ἐνεγκεῖν. Καὶ ἐν τῷ Σοφοκλέους Τηρεῖ* ἡ τῆς κερκίδος φωνή.

Ἡ τρίτη δὲ ἡ διὰ μνήμης, τῷ αἰσθέσθαι τι ἰδόντα, ὥσπερ ἡ ἐν Κυπρίοις* τοῖς Δικαιογένους, ἰδὼν γὰρ τὴν γραφὴν ἔκλαυσεν, καὶ ἡ ἐν Ἀλκίνου ἀπολόγῳ[1], ἀκούων γὰρ τοῦ κιθαριστοῦ καὶ μνησθεὶς ἐδάκρυσεν· ὅθεν ἀνεγνωρίσθησαν.

Τετάρτη δὲ ἡ ἐκ συλλογισμοῦ, οἷον ἐν Χοηφόροις[2], ὅτι ὅμοιός τις ἐλήλυθεν, ὅμοιος δὲ οὐθεὶς ἀλλ' ἢ ὁ Ὀρέστης· οὗτος ἄρα ἐλήλυθεν. Καὶ ἡ Πολυείδου τοῦ σοφιστοῦ περὶ τῆς Ἰφιγενείας· εἰκὸς γὰρ τὸν Ὀρέστην συλλογίσασθαι ὅτι ἥ τ' ἀδελφὴ ἐτύθη καὶ αὐτῷ συμβαίνει θύεσθαι. Καὶ ἡ ἐν τῷ τοῦ Θεοδέκτου Τυδεῖ*, ὅτι ἐλθὼν ὡς εὑρήσων υἱὸν αὐτὸς ἀπόλλυται. Καὶ ἡ ἐν τοῖς Φινείδαις*· ἰδοῦσαι γὰρ τὸν τόπον συνελογίσαντο τὴν εἱμαρμένην, ὅτι ἐν τούτῳ εἵμαρτο ἀποθανεῖν αὐταῖς*· καὶ γὰρ ἐξετέθησαν ἐνταῦθα.

Ἔστι δέ τις καὶ συνθετὴ ἐκ παραλογισμοῦ τοῦ θεάτρου, οἷον ἐν τῷ Ὀδυσσεῖ τῷ ψευδαγγέλῳ*· τὸ μὲν γὰρ τόξον ἔφη γνώσεσθαι ὃ οὐχ ἑωράκει, τὸ δέ, ὡς δι' ἐκείνου ἀναγνωριοῦντος, διὰ τούτου ἐποίησε παραλογισμόν.

Πασῶν δὲ βελτίστη ἀναγνώρισις ἡ ἐξ αὐτῶν τῶν πραγμάτων, τῆς ἐκπλήξεως γιγνομένης δι' εἰκό-

---

1. *Odyssée*, VIII, 521. — 2. *Choéphores*, v. 166-234.

των, οἷον ἡ ἐν τῷ Σοφοκλέους Οἰδίποδι καὶ τῇ Ἰφιγενείᾳ· εἰκὸς γὰρ βούλεσθαι ἐπιθεῖναι* γράμματα. Αἱ γὰρ τοιαῦται μόναι ἄνευ τῶν πεποιημένων σημείων καὶ περιδεραίων. Δεύτεραι δὲ αἱ ἐκ συλλογισμοῦ*.

ΚΕΦΑΛΑΙΟΝ ΙΖ'.

XVII. Conseils aux poëtes tragiques : se mettre à la place des spectateurs et des personnages de la tragédie. De l'art de développer un sujet.

Δεῖ δὲ τοὺς μύθους συνιστάναι καὶ τῇ λέξει συναπεργάζεσθαι ὅτι μάλιστα πρὸ ὀμμάτων τιθέμενον*· οὕτω γὰρ ἂν ἐναργέστατα ὁρῶν, ὥσπερ παρ' αὐτοῖς γιγνόμενος τοῖς πραττομένοις, εὑρίσκοι τὸ πρέπον, καὶ ἥκιστ' ἂν λανθάνοι[το] τὰ ὑπεναντία*. Σημεῖον δὲ τούτου ὃ ἐπετιμᾶτο Καρκίνῳ· ὁ γὰρ Ἀμφιάραος ἐξ ἱεροῦ ἀνῄει, ὃ μὴ ὁρῶντα τὸν θεατὴν ἐλάνθανεν, ἐπὶ δὲ τῆς σκηνῆς ἐξέπεσε, δυσχερανάντων τοῦτο τῶν θεατῶν. Ὅσα δὲ δυνατόν, καὶ τοῖς σχήμασι συναπεργαζόμενον*. Πιθανώτατοι γὰρ ἀπὸ τῆς αὐτῆς φύσεως οἱ ἐν τοῖς πάθεσίν εἰσι*, καὶ χειμαίνει ὁ χειμαζόμενος καὶ χαλεπαίνει ὁ ὀργιζόμενος ἀληθινώτατα. Διὸ εὐφυοῦς* ἡ ποιητική ἐστιν ἢ μανικοῦ· τούτων γὰρ οἱ μὲν εὔπλαστοι, οἱ δὲ ἐκστατικοί* εἰσιν.

Τούς τε λόγους τοὺς πεποιημένους δεῖ καὶ αὐτὸν

ποιοῦντα ἐκτίθεσθαι καθόλου, εἶθ' οὕτως ἐπεισοδιοῦν καὶ παρατείνειν. Λέγω δὲ οὕτως ἂν θεωρεῖσθαι
τὸ καθόλου, οἷον τῆς Ἰφιγενείας. Τυθείσης τινὸς
κόρης καὶ ἀφανισθείσης ἀδήλως τοῖς θύσασιν,
ἱδρυνθείσης δὲ εἰς ἄλλην χώραν, ἐν ᾗ νόμος ἦν τοὺς
ξένους θύειν τῇ θεῷ, ταύτην ἔσχε τὴν ἱερωσύνην.
Χρόνῳ δ' ὕστερον τῷ ἀδελφῷ συνέβη ἐλθεῖν τῆς ἱε-
ρείας. Τὸ δὲ ὅτι ἀνεῖλεν ὁ θεὸς διά τιν' αἰτίαν[ἔξω
τοῦ καθόλου]ἐλθεῖν ἐκεῖ, καὶ ἐφ' ὅ τι δέ, ἔξω τοῦ
μύθου. Ἐλθὼν δὲ καὶ ληφθεὶς θύεσθαι μέλλων ἀνεγνώρισεν, εἶθ' ὡς Εὐριπίδης, εἶθ' ὡς Πολύειδος*
ἐποίησεν, κατὰ τὸ εἰκὸς εἰπὼν ὅτι οὐκ ἄρα μόνον
τὴν ἀδελφὴν ἀλλὰ καὶ αὐτὸν ἔδει τυθῆναι· καὶ ἐν-
τεῦθεν ἡ σωτηρία. Μετὰ ταῦτα δὲ ἤδη ὑποθέντα
τὰ ὀνόματα ἐπεισοδιοῦν*· ὅπως δὲ ἔσται οἰκεῖα τὰ
ἐπεισόδια σκοπεῖν, οἷον ἐν τῷ Ὀρέστῃ ἡ μανία
δι' ἧς ἐλήφθη, καὶ ἡ σωτηρία·διὰ τῆς καθάρσεως.
Ἐν μὲν οὖν τοῖς δράμασι τὰ ἐπεισόδια σύντομα, ἡ
δ' ἐποποιία τούτοις μηκύνεται. Τῆς γὰρ Ὀδυσσείας
μικρὸς ὁ λόγος ἐστίν. Ἀποδημοῦντός τινος ἔτη
πολλὰ καὶ παραφυλαττομένου ὑπὸ τοῦ Ποσειδῶνος
καὶ μόνου ὄντος, ἔτι δὲ τῶν οἴκοι οὕτως ἐχόντων
ὥστε τὰ χρήματα ὑπὸ μνηστήρων ἀναλίσκεσθαι καὶ
τὸν υἱὸν ἐπιβουλεύεσθαι· αὐτὸς δὲ ἀφικνεῖται χει-
μασθείς, καὶ ἀναγνωρίσας τινὰς αὐτοῖς ἐπιθέμενος
αὐτὸς μὲν ἐσώθη, τοὺς δ' ἐχθροὺς διέφθειρεν. Τὸ
μὲν οὖν ἴδιον τοῦτο, τὰ δ' ἄλλα ἐπεισόδια.

ΚΕΦΑΛΑΙΟΝ ΙΗ'.

XVIII. Observations sur le nœud et le dénoûment de la tragédie, sur les tragédies de dimensions épiques, sur le chœur.

Ἔστι δὲ πάσης τραγῳδίας τὸ μὲν δέσις, τὸ δὲ λύσις· τὰ μὲν ἔξωθεν καὶ ἔνια τῶν ἔσωθεν πολλάκις ἡ δέσις, τὸ δὲ λοιπὸν ἡ λύσις. Λέγω δὲ δέσιν μὲν εἶναι τὴν ἀπ᾽ ἀρχῆς μέχρι τούτου τοῦ μέρους ὃ ἔσχατόν ἐστιν, ἐξ οὗ μεταβαίνει εἰς εὐτυχίαν,... λύσιν δὲ τὴν ἀπὸ τῆς ἀρχῆς τῆς μεταβάσεως μέχρι τέλους, ὥσπερ ἐν τῷ Λυγκεῖ* τῷ Θεοδέκτου δέσις μὲν τά τε προπεπραγμένα καὶ ἡ τοῦ παιδίου λῆψις καὶ πάλιν ἡ αὐτῶν δή (?), λύσις δ᾽ ἡ ἀπὸ τῆς αἰτιάσεως τοῦ θανάτου μέχρι τοῦ τέλους.

Τραγῳδίας δὲ εἴδη εἰσὶ τέσσαρα· τοσαῦτα γὰρ καὶ τὰ μέρη ἐλέχθη. Ἡ μὲν πεπλεγμένη, ἧς τὸ ὅλον ἐστὶ περιπέτεια καὶ ἀναγνώρισις· .... ἡ δὲ παθητική, οἷον οἵ τε Αἴαντες καὶ οἱ Ἰξίονες*· ἡ δὲ ἠθική, οἷον αἱ Φθιώτιδες* καὶ ὁ Πηλεύς· τὸ δὲ τέταρτον,...* οἷον αἵ τε Φορκίδες* καὶ Προμηθεὺς καὶ ὅσα ἐν Ἅδου*. Μάλιστα μὲν οὖν ἅπαντα δεῖ πειρᾶσθαι ἔχειν, εἰ δὲ μή, τὰ μέγιστα καὶ πλεῖστα, ἄλλως τε καὶ ὡς νῦν συκοφαντοῦσι τοὺς ποιητάς· γεγονότων γὰρ καθ᾽ ἕκαστον μέρος ἀγαθῶν ποιητῶν, ἕκαστον τοῦ ἰδίου ἀγαθοῦ ἀξιοῦσι τὸν ἕνα ὑπερβάλλειν.

Δίκαιον δὲ καὶ τραγῳδίαν ἄλλην καὶ τὴν αὐτὴν λέγειν οὐδὲν ἴσως τῷ μύθῳ· τοῦτο δέ, ὧν ἡ αὐτὴ πλοκὴ καὶ λύσις. Πολλοὶ δὲ πλέξαντες εὖ λύουσι κακῶς· δεῖ δὲ ἄμφω ἀεὶ κροτεῖσθαι.

Χρὴ δέ, ὅπερ εἴρηται πολλάκις, μεμνῆσθαι καὶ μὴ ποιεῖν ἐποποιικὸν σύστημα τραγῳδίαν. Ἐποποιικὸν δὲ λέγω τὸ πολύμυθον, οἷον εἴ τις τὸν τῆς Ἰλιάδος ὅλον ποιοῖ μῦθον. Ἐκεῖ μὲν γὰρ διὰ τὸ μῆκος λαμβάνει τὰ μέρη τὸ πρέπον μέγεθος, ἐν δὲ τοῖς δράμασι πολὺ παρὰ τὴν ὑπόληψιν ἀποβαίνει. Σημεῖον δέ, ὅσοι πέρσιν Ἰλίου * ὅλην ἐποίησαν καὶ μὴ κατὰ μέρος, ὥσπερ Εὐριπίδης [ἢ] Νιόβην, καὶ μὴ ὥσπερ Αἰσχύλος, ἢ ἐκπίπτουσιν ἢ κακῶς ἀγωνίζονται· ἐπεὶ καὶ Ἀγάθων ἐξέπεσεν ἐν τούτῳ μόνῳ. Ἐν δὲ ταῖς περιπετείαις καὶ ἐν τοῖς ἁπλοῖς πράγμασι στοχάζονται ὧν βούλονται θαυμαστῶς· τραγικὸν γὰρ τοῦτο καὶ φιλάνθρωπον. Ἔστι δὲ τοῦτο, ὅταν ὁ σοφὸς μέν, μετὰ πονηρίας δέ, ἐξαπατηθῇ, ὥσπερ Σίσυφος, καὶ ὁ ἀνδρεῖος μὲν ἄδικος δὲ ἡττηθῇ. Ἔστι δὲ τοῦτο εἰκός, ὥσπερ Ἀγάθων λέγει* · εἰκὸς γὰρ γίνεσθαι πολλὰ καὶ παρὰ τὸ εἰκός.

* Καὶ τὸν χορὸν δὲ ἕνα δεῖ ὑπολαβεῖν τῶν ὑποκριτῶν, καὶ μόριον εἶναι τοῦ ὅλου, καὶ συναγωνίζεσθαι, μὴ ὥσπερ [παρ᾽] Εὐριπίδῃ ἀλλ᾽ ὥσπερ [παρὰ Σοφοκλεῖ. Τοῖς δὲ λοιποῖς τὰ ἀδόμενα* οὐ μᾶλλον τοῦ μύθου ἢ ἄλλης τραγῳδίας ἐστίν· διὸ ἐμβόλιμα

ᾄδουσιν, πρώτου ἄρξαντος Ἀγάθωνος τοῦ τοιούτου. Καίτοι τί διαφέρει ἢ ἐμβόλιμα ᾄδειν ἢ ῥῆσιν ἐξ ἄλλου εἰς ἄλλο ἁρμόττειν ἢ ἐπεισόδιον ὅλον;

ΚΕΦΑΛΑΙΟΝ ΙΘ'.

XIX. Des pensées et de l'élocution.

Περὶ μὲν οὖν τῶν ἄλλων ἤδη εἴρηται, λοιπὸν δὲ περὶ λέξεως ἢ διανοίας εἰπεῖν. Τὰ μὲν οὖν περὶ τὴν διάνοιαν ἐν τοῖς περὶ ῥητορικῆς κείσθω· τοῦτο γὰρ ἴδιον μᾶλλον ἐκείνης τῆς μεθόδου. Ἔστι δὲ κατὰ τὴν διάνοιαν ταῦτα, ὅσα ὑπὸ τοῦ λόγου δεῖ παρασκευασθῆναι. Μέρη δὲ τούτων τό τε ἀποδεικνύναι καὶ τὸ λύειν καὶ τὸ πάθη παρασκευάζειν, οἷον ἔλεον ἢ φόβον ἢ ὀργὴν καὶ ὅσα τοιαῦτα, καὶ ἔτι μέγεθος καὶ μικρότητα*. Δῆλον δὲ ὅτι καὶ ἐν τοῖς πράγμασιν ἀπὸ τῶν αὐτῶν ἰδεῶν δεῖ χρῆσθαι, ὅταν ἢ ἐλεεινὰ ἢ δεινὰ ἢ μεγάλα ἢ εἰκότα δέῃ παρασκευάζειν. Πλὴν τοσοῦτον διαφέρει, ὅτι τὰ μὲν δεῖ φαίνεσθαι ἄνευ διδασκαλίας*, τὰ δὲ ἐν τῷ λόγῳ ὑπὸ τοῦ λέγοντος παρασκευάζεσθαι καὶ παρὰ τὸν λόγον γίγνεσθαι. Τί γὰρ ἂν εἴη τοῦ λέγοντος ἔργον, εἰ φανοῖτο (?) ἡδέα καὶ μὴ διὰ τὸν λόγον; Τῶν δὲ περὶ τὴν λέξιν ἓν μέν ἐστιν εἶδος θεωρίας τὰ σχήματα τῆς λέξεως*, ἅ ἐστιν εἰδέναι τῆς ὑποκριτικῆς καὶ τοῦ τὴν τοιαύτην ἔχοντος ἀρχιτεκτονικήν*, οἷον τί ἐντολὴ καὶ τί εὐχὴ καὶ διήγησις καὶ ἀπειλὴ καὶ ἐρώτησις καὶ ἀπόκρισις, καὶ εἴ τι ἄλλο τοιοῦτον. Παρὰ γὰρ τὴν τούτων γνῶσιν ἢ ἄγνοιαν οὐδὲν εἰς τὴν ποιητικὴν.... ἐπιτίμημα φέρεται ὅ τι καὶ ἄξιον σπουδῆς. Τί γὰρ ἄν τις ὑπολάβοι ἡμαρτῆσθαι ἃ Πρωταγόρας * ἐπιτιμᾷ, ὅτι εὔχεσθαι οἰόμενος ἐπιτάττει εἰπών· « Μῆνιν ἄειδε, Θεά[1] » ; τὸ γὰρ κελεῦσαι, φησί, ποιεῖν τι ἢ μὴ ἐπίταξίς ἐστιν. Διὸ παρείσθω ὡς ἄλλης καὶ οὐ τῆς ποιητικῆς ὂν θεώρημα.

ΚΕΦΑΛΑΙΟΝ Κ'.

XX. Des éléments grammaticaux du langage.

* Τῆς δὲ λέξεως ἁπάσης τάδ' ἐστὶ τὰ μέρη, στοιχεῖον, συλλαβή, σύνδεσμος, ὄνομα, ῥῆμα, ἄρθρον, πτῶσις, λόγος.

Στοιχεῖον * μὲν οὖν ἐστι φωνὴ ἀδιαίρετος, οὐ πᾶσα δέ, ἀλλ' ἐξ ἧς πέφυκε συνετὴ γίνεσθαι φωνή· καὶ γὰρ τῶν θηρίων εἰσὶν ἀδιαίρετοι φωναί, ὧν οὐδεμίαν λέγω στοιχεῖον. Ταύτης δὲ μέρη τό τε φωνῆεν καὶ τὸ ἡμίφωνον καὶ ἄφωνον· ἔστι δὲ φωνῆεν μὲν ἄνευ προσβολῆς * ἔχον φωνὴν ἀκουστήν, [οἷον τὸ Α καὶ τὸ Ω]· ἡμίφωνον δὲ τὸ μετὰ προσβολῆς ἔχον φωνὴν ἀκουστήν, οἷον τὸ Σ καὶ τὸ Ρ, ἄφωνον δὲ

---

1. Hom., *Iliade*, I, 1.

τὸ μετὰ προσβολῆς καθ' αὑτὸ μὲν οὐδεμίαν ἔχον φωνήν, μετὰ δὲ τῶν ἐχόντων τινὰ φωνὴν γινόμενον ἀκουστόν, οἷον τὸ Γ καὶ τὸ Δ. Ταῦτα δὲ διαφέρει σχήμασί τε τοῦ στόματος* καὶ τόποις, καὶ δασύτητι καὶ ψιλότητι, καὶ μήκει καὶ βραχύτητι, ἔτι δὲ ὀξύτητι καὶ βαρύτητι καὶ τῷ μέσῳ*· περὶ ὧν καθ' ἕκαστον ἐν τοῖς μετρικοῖς προσήκει θεωρεῖν.

Συλλαβὴ δ' ἐστὶ φωνὴ ἄσημος, συνθετὴ ἐξ ἀφώνου καὶ φωνὴν ἔχοντος· καὶ γὰρ τὸ ΓΡ ἄνευ τοῦ Α συλλαβὴ [οὐκ ἔστι*, ἀλλὰ] μετὰ τοῦ Α, οἷον τὸ ΓΡΑ. Ἀλλὰ καὶ τούτων θεωρῆσαι τὰς διαφορὰς τῆς μετρικῆς ἐστίν.

Σύνδεσμος* δ' ἐστὶ φωνὴ ἄσημος, ἣ οὔτε κωλύει οὔτε ποιεῖ φωνὴν μίαν σημαντικήν, ἐκ πλειόνων φωνῶν πεφυκυῖαν συντίθεσθαι, ... καὶ ἐπὶ τῶν ἄκρων* καὶ ἐπὶ τοῦ μέσου, ἢν μὴ ἁρμόττῃ ἐν ἀρχῇ λόγου τιθέναι καθ' αὑτόν, οἷον μέν, ἤτοι, δή· ἢ φωνὴ ἄσημος ἐκ πλειόνων μὲν φωνῶν μιᾶς, σημαντικῶν δέ, ποιεῖν πεφυκυῖα μίαν σημαντικὴν φωνήν.

Ἄρθρον δ' ἐστὶ φωνὴ ἄσημος, ἢ λόγου ἀρχὴν ἢ τέλος ἢ διορισμὸν δηλοῖ,... οἷον τὸ φημί καὶ τὸ περί καὶ τὰ ἄλλα· ἢ φωνὴ ἄσημος, ἢ οὔτε κωλύει οὔτε ποιεῖ φωνὴν μίαν σημαντικὴν ἐκ πλειόνων φωνῶν, πεφυκυῖα τίθεσθαι καὶ ἐπὶ τῶν ἄκρων καὶ ἐπὶ τοῦ μέσου.

Ὄνομα* δ' ἐστὶ φωνὴ συνθετή, σημαντικὴ ἄνευ χρόνου, ἧς μέρος οὐδέν ἐστι καθ' αὑτὸ σημαντικόν·

ἐν γὰρ τοῖς διπλοῖς οὐ χρώμεθα, ὡς καὶ αὐτὸ καθ᾽ αὑτὸ σημαῖνον, οἷον ἐν τῷ Θεοδώρῳ τὸ δῶρον οὐ σημαίνει*.

Ῥῆμα δὲ φωνὴ συνθετή, σημαντικὴ μετὰ χρόνου, ἧς οὐδὲν μέρος σημαίνει καθ᾽ αὑτό, ὥσπερ καὶ ἐπὶ τῶν ὀνομάτων· τὸ μὲν γὰρ ἄνθρωπος ἢ λευκὸν οὐ σημαίνει τὸ πότε, τὸ δὲ βαδίζει* ἢ βεβάδικε προσσημαίνει τὸ μὲν τὸν παρόντα χρόνον, τὸ δὲ τὸν παρεληλυθότα*.

Πτῶσις* δ᾽ ἐστὶν ὀνόματος ἢ ῥήματος ἡ μὲν τὸ κατὰ τούτου ἢ τούτῳ σημαίνουσα καὶ ὅσα τοιαῦτα, ἡ δὲ τὸ κατὰ τὸ ἑνὶ ἢ πολλοῖς, οἷον ἄνθρωποι ἢ ἄνθρωπος, ἡ δὲ κατὰ τὰ ὑποκριτικά, οἷον κατ᾽ ἐρώτησιν [ἢ] ἐπίταξιν· τὸ γὰρ ἐβάδισεν; ἢ βάδιζε πτῶσις ῥήματος κατὰ ταῦτα τὰ εἴδη ἐστίν.

Λόγος δὲ φωνὴ συνθετὴ σημαντική, ἧς ἔνια μέρη καθ᾽ αὑτὰ σημαίνει τι· οὐ γὰρ ἅπας λόγος ἐκ ῥημάτων καὶ ὀνομάτων σύγκειται, οἷον ὁ τοῦ ἀνθρώπου ὁρισμός, ἀλλ᾽ ἐνδέχεται ἄνευ ῥημάτων εἶναι λόγον. Μέρος μέντοι ἀεί τι σημαῖνον ἕξει, οἷον ἐν τῷ « βαδίζει Κλέων » ὁ Κλέων.

Εἷς δ᾽ ἐστὶ λόγος* διχῶς· ἢ γὰρ ὁ ἓν σημαίνων, ἢ ὁ ἐκ πλειόνων συνδέσμων, οἷον ἡ Ἰλιὰς μὲν συνδέσμῳ εἷς, ὁ δὲ τοῦ ἀνθρώπου [ὁρισμὸς] τῷ ἓν σημαίνειν*.

ΚΕΦΑΛΑΙΟΝ ΚΑ΄.

XXI. Des formes du nom, et de quelques figures
de grammaire.

Ὀνόματος δὲ εἴδη τὸ μὲν ἁπλοῦν (ἁπλοῦν δὲ
λέγω ὃ μὴ ἐκ σημαινόντων σύγκειται, οἷον γῆ), τὸ
δὲ διπλοῦν· τούτου δὲ τὸ μὲν ἐκ σημαίνοντος καὶ
ἀσήμου, τὸ δὲ ἐκ σημαινόντων σύγκειται. Εἴη δ᾽
ἂν καὶ τριπλοῦν καὶ τετραπλοῦν ὄνομα καὶ πολλα-
πλοῦν ὄνομα, οἷον τὰ πολλὰ τῶν μεγαλείων, ὧν (?)*
Ἑρμοκαϊκόξανθος.

Ἅπαν δὲ ὄνομά ἐστιν ἢ κύριον ἢ γλῶττα ἢ μεταφορὰ ἢ κόσμος* ἢ πεποιημένον ἢ ἐπεκτεταμένον
ἢ ὑφηρημένον ἢ ἐξηλλαγμένον. Λέγω δὲ κύριον* μὲν
ᾧ χρῶνται ἕκαστοι, γλῶτταν δὲ ᾧ ἕτεροι, ὥστε
φανερὸν ὅτι καὶ γλῶτταν καὶ κύριον εἶναι δυνατὸν
τὸ αὐτό, μὴ τοῖς αὐτοῖς δέ· τὸ γὰρ σίγυνον* Κυπρίοις μὲν κύριον, ἡμῖν δὲ γλῶττα. Μεταφορὰ* δ᾽
ἐστὶν ὀνόματος ἀλλοτρίου ἐπιφορὰ ἢ ἀπὸ τοῦ γένους
ἐπὶ εἶδος, ἢ ἀπὸ τοῦ εἴδους ἐπὶ τὸ γένος, ἢ ἀπὸ
τοῦ εἴδους ἐπὶ εἶδος, ἢ κατὰ τὸ ἀνάλογον*. Λέγω
δὲ ἀπὸ γένους μὲν ἐπὶ εἶδος, οἷον « νηῦς δέ μοι ἥδ᾽
ἕστηκεν[1] »· τὸ γὰρ ὁρμεῖν ἐστιν ἑστάναι τι. Ἀπ᾽
εἴδους δὲ ἐπὶ γένος· « ἦ δὴ μυρί᾽ Ὀδυσσεὺς ἐσθλὰ

1. Hom., *Odyssée*, I, 185; XXIV, 308.

ἔοργεν[1] » · τὸ γὰρ μυρίον πολύ ἐστιν, ᾧ νῦν ἀντὶ τοῦ πολλοῦ κέχρηται. Ἀπ' εἴδους δὲ ἐπὶ εἶδος, οἷον « χαλκῷ ἀπὸ ψυχὴν ἀρύσας » καὶ « ταμὼν ἀτειρέϊ χαλκῷ[2] » · ἐνταῦθα γὰρ τὸ μὲν ἀρύσαι ταμεῖν, τὸ δὲ ταμεῖν ἀρύσαι εἴρηκεν· ἄμφω γὰρ ἀφελεῖν τι ἐστίν.

Τὸ δὲ ἀνάλογον λέγω, ὅταν ὁμοίως ἔχῃ τὸ δεύτερον πρὸς τὸ πρῶτον καὶ τὸ τέταρτον πρὸς τὸ τρίτον· ἐρεῖ γὰρ ἀντὶ τοῦ δευτέρου τὸ τέταρτον ἢ ἀντὶ τοῦ τετάρτου τὸ δεύτερον. Καὶ ἐνίοτε προστιθέασιν ἀνθ' οὗ λέγει πρὸς ὅ ἐστιν. Λέγω δὲ οἷον ὁμοίως ἔχει φιάλη πρὸς Διόνυσον καὶ ἀσπὶς πρὸς Ἄρην· ἐρεῖ τοίνυν τὴν φιάλην ἀσπίδα Διονύσου καὶ τὴν ἀσπίδα φιάλην Ἄρεως*. Ἢ ὃ γῆρας πρὸς βίον, καὶ ἑσπέρα πρὸς ἡμέραν· ἐρεῖ τοίνυν τὴν ἑσπέραν γῆρας ἡμέρας καὶ τὸ γῆρας ἑσπέραν βίου, ἤ, ὥσπερ Ἐμπεδοκλῆς, « δυσμὰς βίου*. » Ἐνίοις δ' οὐκ ἔστιν ὄνομα κείμενον* τὸ ἀνάλογον, ἀλλ' οὐδὲν ἧττον ὁμοίως λεχθήσεται· οἷον τὸ τὸν καρπὸν μὲν ἀφιέναι σπείρειν, τὸ δὲ τὴν φλόγα ἀπὸ τοῦ ἡλίου ἀνώνυμον· ἀλλ' ὁμοίως ἔχει τοῦτο πρὸς τὸν ἥλιον καὶ τὸ σπείρειν πρὸς τὸν καρπόν, διὸ εἴρηται « σπείρων θεοκτίσταν φλόγα* ». Ἔστι δὲ τῷ τρόπῳ τούτῳ τῆς μεταφορᾶς χρῆσθαι καὶ ἄλλως, προσαγορεύσαντα τὸ ἀλλότριον ἀποφῆσαι τῶν οἰκείων τι,

---

1. Hom., *Iliade*, II, 272. — 2. Cf. *Iliade*, III, 292; V, 292.

οἷον εἰ τὴν ἀσπίδα εἴποι φιάλην μὴ Ἄρεως ἀλλ᾽ ἄοινον *.

Πεποιημένον * δ᾽ ἐστὶν ὃ ὅλως μὴ καλούμενον ὑπό τινων αὐτὸς τίθεται ὁ ποιητής· δοκεῖ γὰρ ἔνια εἶναι τοιαῦτα, οἷον τὰ κέρατα ἐρνύγας καὶ τὸν ἱερέα ἀρητῆρα[1].

Ἐπεκτεταμένον δ᾽ ἐστὶν ἢ ἀφῃρημένον τὸ μέν, ἐὰν φωνήεντι μακροτέρῳ κεχρημένον ᾖ τοῦ οἰκείου ἢ συλλαβῇ ἐμβεβλημένῃ, τὸ δέ, ἂν ἀφῃρημένον τι ᾖ αὐτοῦ· ἐπεκτεταμένον μὲν οἷον τὸ πόλεως πόληος καὶ τὸ Πηλείδου Πηληϊάδεω· ἀφῃρημένον δὲ * οἷον τὸ κρῖ καὶ τὸ δῶ καὶ « μία γίνεται ἀμφοτέρων ὄψ ».

Ἐξηλλαγμένον δ᾽ ἐστίν, ὅταν τοῦ ὀνομαζομένου τὸ μὲν καταλείπῃ τὸ δὲ ποιῇ, οἷον τὸ « δεξιτερὸν κατὰ μαζόν » ἀντὶ τοῦ δεξιόν.

Αὐτῶν δὲ τῶν ὀνομάτων τὰ μὲν ἄρρενα τὰ δὲ θήλεα τὰ δὲ μεταξύ *· ἄρρενα μὲν ὅσα τελευτᾷ εἰς τὸ Ν καὶ Ρ [καὶ Σ] *, καὶ ὅσα ἐκ τούτου σύγκειται (ταῦτα δ᾽ ἐστὶ δύο, Ψ καὶ Ξ), θήλεα δὲ ὅσα ἐκ τῶν φωνηέντων εἴς τε τὰ ἀεὶ μακρά, οἷον· εἰς Η καὶ Ω, καὶ τῶν ἐπεκτεινομένων εἰς Α *· ὥστε ἴσα συμβαίνει πλήθει εἰς ὅσα τὰ ἄρρενα καὶ τὰ θήλεα· τὸ γὰρ Ψ καὶ τὸ Ξ ταῦτά ἐστιν. Εἰς δὲ ἄφωνον οὐδὲν ὄνομα τελευτᾷ, οὐδὲ εἰς φωνῆεν βραχύ. Εἰς δὲ τὸ Ι τρία

---

1. Hom., *Iliade*, I, 94 et V, 78.

μόνα· μέλι, κόμμι, πέπερι*. Εἰς δὲ τὸ Υ πέντε· [πῶυ, νάπυ, γόνυ, δόρυ, ἄστυ]*. Τὰ δὲ μεταξὺ εἰς ταῦτα καὶ Ν καὶ Σ.

ΚΕΦΑΛΑΙΟΝ ΚΒ'.

XXII. Application des précédentes observations au style poétique.

Λέξεως δὲ ἀρετὴ σαφῆ* καὶ μὴ ταπεινὴν εἶναι. Σαφεστάτη μὲν οὖν ἐστὶν ἡ ἐκ τῶν κυρίων ὀνομάτων, ἀλλὰ ταπεινή· παράδειγμα δὲ ἡ Κλεοφῶντος* ποίησις καὶ ἡ Σθενέλου*. Σεμνὴ δὲ καὶ ἐξαλλάττουσα τὸ ἰδιωτικὸν ἡ τοῖς ξενικοῖς κεχρημένη. Ξενικὸν δὲ λέγω γλῶτταν* καὶ μεταφορὰν καὶ ἐπέκτασιν καὶ πᾶν τὸ παρὰ τὸ κύριον.

Ἀλλ' ἄν τις ἅπαντα τοιαῦτα ποιήσῃ, ἢ αἴνιγμα* ἔσται ἢ βαρβαρισμός. Ἂν μὲν οὖν ἐκ μεταφορῶν, αἴνιγμα· ἐὰν δὲ ἐκ γλωττῶν, βαρβαρισμός. Αἰνίγματος γὰρ ἰδέα αὕτη ἐστί, τὸ λέγοντα ὑπάρχοντα ἀδύνατα συνάψαι. Κατὰ μὲν οὖν τὴν τῶν ὀνομάτων σύνθεσιν* οὐχ οἷόν τε τοῦτο ποιῆσαι, κατὰ δὲ τὴν μεταφορὰν ἐνδέχεται, οἷον·

Ἄνδρ' εἶδον πυρὶ χαλκὸν ἐπ' ἀνέρι κολλήσαντα*,

καὶ τὰ τοιαῦτα.

Ἐκ δὲ τῶν γλωττῶν ὁ βαρβαρισμός*. Δεῖ ἄρα

κεκρᾶσθαί* πως τούτοις· τὸ μὲν γὰρ μὴ ἰδιωτικὸν
ποιήσει μηδὲ ταπεινὸν ἡ γλῶττα καὶ ἡ μεταφορὰ
καὶ ὁ κόσμος* καὶ τἄλλα τὰ εἰρημένα εἴδη· τὸ δὲ
κύριον τὴν σαφήνειαν.

Οὐκ ἐλάχιστον δὲ μέρος συμβάλλονται εἰς τὸ σαφὲς τῆς λέξεως καὶ μὴ ἰδιωτικὸν αἱ ἐπεκτάσεις καὶ
ἀποκοπαὶ καὶ ἐξαλλαγαὶ τῶν ὀνομάτων· διὰ μὲν
γὰρ τὸ ἄλλως ἔχειν ἢ ὡς τὸ κύριον παρὰ τὸ εἰωθὸς
γιγνόμενον τὸ μὴ ἰδιωτικὸν ποιήσει, διὰ δὲ τὸ
κοινωνεῖν τοῦ εἰωθότος τὸ σαφὲς ἔσται. Ὥστε οὐκ
ὀρθῶς ψέγουσιν οἱ ἐπιτιμῶντες τῷ τοιούτῳ τρόπῳ
τῆς διαλέκτου καὶ διακωμῳδοῦντες τὸν ποιητήν,
οἷον Εὐκλείδης* ὁ ἀρχαῖος, ὡς ῥᾴδιον ποιεῖν, εἴ τις
δώσει ἐκτείνειν ἐφ' ὁπόσον βούλεται, ἰαμβοποιήσας
ἐν αὐτῇ τῇ λέξει· « Ἡνίκ' Ἄρην εἶδον Μαραθῶ-
νάδε βαδίζοντα*, » καί· « οὐκ ἂν γεράμενος τὸν
ἐκείνου ἐλλέβορον (?) ». Τὸ μὲν οὖν φαίνεσθαί πως
χρώμενον τούτῳ τῷ τρόπῳ γελοῖον, τὸ δὲ μέτρον
κοινὸν ἁπάντων ἐστὶ τῶν μερῶν· καὶ γὰρ μεταφοραῖς καὶ γλώτταις καὶ τοῖς ἄλλοις εἴδεσι χρώμενος
ἀπρεπῶς καὶ ἐπίτηδες ἐπὶ τὰ γελοῖα τὸ αὐτὸ ἂν
ἀπεργάσαιτο. Τὸ δὲ ἁρμόττον ὅσον διαφέρει, ἐπὶ
τῶν ἐπῶν* θεωρείσθω, ἐντιθεμένων τῶν ὀνομάτων
εἰς τὸ μέτρον. Καὶ ἐπὶ τῆς γλώττης δὲ καὶ ἐπὶ τῶν
μεταφορῶν καὶ ἐπὶ τῶν ἄλλων ἰδεῶν μετατιθεὶς ἄν
τις τὰ κύρια ὀνόματα κατίδοι ὅτι ἀληθῆ λέγομεν·
οἷον τὸ αὐτὸ ποιήσαντος ἰαμβεῖον Αἰσχύλου καὶ

Εὐριπίδου *, ἓν δὲ μόνον ὄνομα μετατιθέντος, ἀντὶ κυρίου εἰωθότος γλῶτταν, τὸ μὲν φαίνεται καλόν, τὸ δ' εὐτελές. Αἰσχύλος μὲν γὰρ ἐν τῷ Φιλοκτήτῃ ἐποίησε ·

Φαγέδαιναν ἥ μου σάρκας ἐσθίει ποδός,

ὁ δὲ ἀντὶ τοῦ ἐσθίει τὸ θοινᾶται μετέθηκεν. Καί ·

νῦν δέ μ' ἐὼν ὀλίγος τε καὶ οὐτιδανὸς καὶ ἄκικυς¹,

εἴ τις λέγοι τὰ κύρια μετατιθείς ·

νῦν δέ μ' ἐὼν μικρός τε καὶ ἀσθενικὸς καὶ ἀειδής.

Καί ·

Δίφρον [τε] ἀεικέλιον καταθεὶς ὀλίγην τε τράπεζαν,
Δίφρον μοχθηρὸν καταθεὶς μικράν τε τράπεζαν.

Καὶ τὸ « ἠϊόνες βοόωσιν », ἠϊόνες κράζουσιν.

Ἔτι δὲ Ἀριφράδης * τοὺς τραγῳδοὺς ἐκωμῴδει, ὅτι ἃ οὐδεὶς ἂν εἴποι ἐν τῇ διαλέκτῳ, τούτοις χρῶνται, οἷον τὸ « δωμάτων ἄπο » ἀλλὰ μὴ « ἀπὸ δωμάτων, » καὶ τὸ « σέθεν » καὶ τὸ « ἐγὼ δέ νιν, » καὶ τὸ « Ἀχιλλέως πέρι » ἀλλὰ μὴ « περὶ Ἀχιλλέως », καὶ ὅσα ἄλλα τοιαῦτα. Διὰ γὰρ τὸ μὴ εἶναι ἐν τοῖς κυρίοις ποιεῖ τὸ μὴ ἰδιωτικὸν ἐν τῇ λέξει ἅπαντα τὰ τοιαῦτα· ἐκεῖνος δὲ τοῦτο ἠγνόει.

---

1. Hom., *Odyssée*, IX, 515.

Ἔστι δὲ μέγα μὲν τὸ ἑκάστῳ τῶν εἰρημένων πρε-
πόντως χρῆσθαι, καὶ διπλοῖς ὀνόμασι καὶ γλώτταις. Πολὺ δὲ μέγιστον τὸ μεταφορικὸν εἶναι·
μόνον γὰρ τοῦτο οὔτε παρ' ἄλλου ἔστι λαβεῖν εὐ-
φυΐας τε σημεῖόν ἐστιν· τὸ γὰρ εὖ μεταφέρειν τὸ
τὸ ὅμοιον θεωρεῖν ἐστίν. Τῶν δ' ὀνομάτων τὰ μὲν
διπλᾶ μάλιστα ἁρμόττει τοῖς διθυράμβοις*, αἱ δὲ
γλῶτται τοῖς ἡρωϊκοῖς, αἱ δὲ μεταφοραὶ τοῖς ἰαμβείοις. Καὶ ἐν μὲν τοῖς ἡρωϊκοῖς ἅπαντα χρήσιμα
τὰ εἰρημένα· ἐν δὲ τοῖς ἰαμβείοις, διὰ τὸ ὅτι μάλιστα λέξιν μιμεῖσθαι, ταῦτα ἁρμόττει τῶν ὀνομάτων ὅσοις κἂν ἐν λόγοις τις χρήσαιτο· ἔστι δὲ τὰ
τοιαῦτα τὸ κύριον καὶ μεταφορὰ καὶ κόσμος*.

Περὶ μὲν οὖν τραγῳδίας καὶ τῆς ἐν τῷ πράττειν
μιμήσεως ἔστω ἡμῖν ἱκανὰ τὰ εἰρημένα.

ΚΕΦΑΛΑΙΟΝ ΚΓ'.

XXIII. Retour à l'épopée et à l'histoire; de la durée des événements épiques.

Περὶ δὲ τῆς διηγηματικῆς καὶ ἐν μέτρῳ μιμητικῆς, ὅτι δεῖ τοὺς μύθους καθάπερ ἐν ταῖς τραγῳδίαις συνιστάναι δραματικούς*, καὶ περὶ μίαν πρᾶξιν
ὅλην καὶ τελείαν, ἔχουσαν ἀρχὴν καὶ μέσον καὶ
τέλος, ἵν' ὥσπερ ζῷον ἓν ὅλον ποιῇ τὴν οἰκείαν
ἡδονήν, δῆλον· καὶ μὴ ὁμοίας ἱστορίας τὰς συνη-

θεις εἶναι, ἐν αἷς ἀνάγκη οὐχὶ μιᾶς πράξεως ποιεῖσθαι δήλωσιν, ἀλλ' ἑνὸς χρόνου, ὅσα ἐν τούτῳ συνέβη περὶ ἕνα ἢ πλείους, ὧν ἕκαστον ὡς ἔτυχεν ἔχει πρὸς ἄλληλα. Ὥσπερ γὰρ κατὰ τοὺς αὐτοὺς χρόνους ἥ τ' ἐν Σαλαμῖνι ἐγένετο ναυμαχία καὶ ἡ ἐν Σικελίᾳ Καρχηδονίων μάχη*, οὐδὲν πρὸς τὸ αὐτὸ συντείνουσαι τέλος, οὕτω καὶ ἐν τοῖς ἐφεξῆς χρόνοις ἐνίοτε γίνεται θάτερον μετὰ θατέρου, ἐξ ὧν ἓν οὐδὲν γίνεται τέλος. Σχεδὸν δὲ οἱ πολλοὶ τῶν ποιητῶν τοῦτο δρῶσιν. Διό, ὥσπερ εἴπομεν ἤδη, καὶ ταύτῃ θεσπέσιος ἂν φανείη Ὅμηρος παρὰ τοὺς ἄλλους, τῷ μηδὲ τὸν πόλεμον, καίπερ ἔχοντα ἀρχὴν καὶ τέλος, ἐπιχειρῆσαι ποιεῖν ὅλον· λίαν γὰρ ἂν μέγας καὶ οὐκ εὐσύνοπτος ἔμελλεν ἔσεσθαι· ἢ τῷ μεγέθει μετριάζοντα* καταπεπλεγμένον τῇ ποικιλίᾳ. Νῦν δ' ἓν μέρος ἀπολαβὼν ἐπεισοδίοις κέχρηται αὐτῶν πολλοῖς*, οἷον νεῶν καταλόγῳ καὶ ἄλλοις ἐπεισοδίοις, οἷς διαλαμβάνει τὴν ποίησιν*. Οἱ δ' ἄλλοι περὶ ἕνα ποιοῦσι καὶ περὶ ἕνα χρόνον, καὶ μίαν πρᾶξιν πολυμερῆ, οἷον ὁ τὰ Κύπρια* ποιήσας καὶ τὴν Μικρὰν Ἰλιάδα. Τοιγαροῦν ἐκ μὲν Ἰλιάδος καὶ Ὀδυσσείας μία τραγῳδία ποιεῖται ἑκατέρας ἢ δύο μόναι*, ἐκ δὲ Κυπρίων πολλαί, καὶ [ἐκ] τῆς Μικρᾶς Ἰλιάδος πλέον ὀκτώ*, οἷον Ὅπλων κρίσις*, Φιλοκτήτης, Νεοπτόλεμος*, Εὐρύπυλος*, Πτωχεία*, Λάκαιναι*, Ἰλίου πέρσις καὶ ἀπόπλους*, καὶ Σίνων, καὶ Τρῳάδες.

ΚΕΦΑΛΑΙΟΝ ΚΔ'.

XXIV. Comparaison de l'épopée avec la tragédie;
nombreux mérites d'Homère.

Ἔτι δὲ τὰ εἴδη ταὐτὰ δεῖ ἔχειν τὴν ἐποποιίαν τῇ τραγῳδίᾳ· ἢ γὰρ ἁπλῆν ἢ πεπλεγμένην ἢ ἠθικὴν ἢ παθητικὴν [δεῖ εἶναι]. Καὶ τὰ μέρη ἔξω μελοποιίας καὶ ὄψεως ταὐτά· καὶ γὰρ περιπετειῶν δεῖ καὶ ἀναγνωρίσεων καὶ παθημάτων. Ἔτι τὰς διανοίας καὶ τὴν λέξιν ἔχειν καλῶς· οἷς ἅπασιν Ὅμηρος κέχρηται καὶ πρῶτος* καὶ ἱκανῶς. Καὶ γὰρ καὶ τῶν ποιημάτων ἑκάτερον συνέστηκεν ἡ μὲν Ἰλιὰς ἁπλοῦν καὶ παθητικόν, ἡ δὲ Ὀδύσσεια πεπλεγμένον (ἀναγνώρισις γὰρ διόλου), καὶ ἠθική. Πρὸς δὲ τούτοις λέξει καὶ διανοίᾳ πάντας ὑπερβέβληκεν.

Διαφέρει δὲ κατά τε τῆς συστάσεως τὸ μῆκος ἡ ἐποποιία καὶ τὸ μέτρον. Τοῦ μὲν οὖν μήκους ὅρος ἱκανὸς ὁ εἰρημένος· δύνασθαι γὰρ δεῖ συνορᾶσθαι τὴν ἀρχὴν καὶ τὸ τέλος. Εἴη δ' ἂν τοῦτο, εἰ τῶν μὲν ἀρχαίων* ἐλάττους αἱ συστάσεις εἶεν, πρὸς δὲ τὸ πλῆθος τῶν τραγῳδιῶν τῶν εἰς μίαν ἀκρόασιν τιθεμένων παρήκοιεν.

Ἔχει δὲ πρὸς τὸ ἐπεκτείνεσθαι τὸ μέγεθος πολύ τι ἡ ἐποποιία ἴδιον διὰ τὸ ἐν μὲν τῇ τραγῳδίᾳ μὴ ἐνδέχεσθαι ἅμα πραττόμενα πολλὰ μέρη μιμεῖσθαι,

ἀλλὰ τὸ ἐπὶ τῆς σκηνῆς καὶ τῶν ὑποκριτῶν μέρος
μόνον· ἐν δὲ τῇ ἐποποιίᾳ, διὰ τὸ διήγησιν εἶναι,
ἔστι πολλὰ μέρη ἅμα ποιεῖν περαινόμενα, ὑφ' ὧν
οἰκείων ὄντων αὔξεται ὁ τοῦ ποιήματος ὄγκος.
Ὥστε τοῦτ' ἔχει τὸ ἀγαθὸν εἰς μεγαλοπρέπειαν*,
καὶ τὸ μεταβάλλειν τὸν ἀκούοντα καὶ ἐπεισοδιοῦν
ἀνομοίοις ἐπεισοδίοις*· τὸ γὰρ ὅμοιον ταχὺ πληροῦν
ἐκπίπτειν ποιεῖ τὰς τραγῳδίας.

Τὸ δὲ μέτρον τὸ ἡρωϊκὸν* ἀπὸ τῆς πείρας ἥρμο-
κεν. Εἰ γάρ τις ἐν ἄλλῳ τινὶ μέτρῳ διηγηματικὴν
μίμησιν ποιοῖτο ἢ ἐν πολλοῖς, ἀπρεπὲς ἂν φαίνοιτο·
τὸ γὰρ ἡρωϊκὸν στασιμώτατον καὶ ὀγκωδέστατον*
τῶν μέτρων ἐστίν· διὸ καὶ γλώττας καὶ μεταφο-
ρὰς δέχεται μάλιστα· περιττὴ γὰρ καὶ ἡ διηγημα-
τικὴ μίμησις τῶν ἄλλων· τὸ δὲ ἰαμβεῖον καὶ τε-
τράμετρον κινητικά, καὶ τὸ μὲν ὀρχηστικόν*, τὸ δὲ
πρακτικόν. Ἔτι δὲ ἀτοπώτερον εἰ μιγνύοι τις αὐτά,
ὥσπερ Χαιρήμων. Διὸ οὐδεὶς μακρὰν σύστασιν ἐν
ἄλλῳ πεποίηκεν ἢ τῷ ἡρῴῳ, ἀλλ' ὥσπερ εἴπομεν,
αὐτὴ ἡ φύσις διδάσκει τὸ ἁρμόττον αὐτῇ [δι]αιρεῖ-
σθαι. Ὅμηρος δὲ ἄλλα τε πολλὰ ἄξιος ἐπαινεῖ-
σθαι, καὶ δὴ καὶ ὅτι μόνος τῶν ποιητῶν οὐκ ἀγνοεῖ
ὃ δεῖ ποιεῖν αὐτόν. Αὐτὸν γὰρ δεῖ τὸν ποιητὴν
ἐλάχιστα λέγειν· οὐ γάρ ἐστι κατὰ ταῦτα μιμητής. Οἱ μὲν οὖν ἄλλοι αὐτοὶ μὲν δι' ὅλου ἀγω-
νίζονται, μιμοῦνται δὲ ὀλίγα καὶ ὀλιγάκις· ὁ
δὲ ὀλίγα φροιμιασάμενος* εὐθὺς εἰσάγει ἄνδρα ἢ

γυναῖκα ἢ ἄλλο τι ἦθος, καὶ οὐδέν' ἀήθη, ἀλλ' ἔχοντα ἤθη.

Δεῖ μὲν οὖν ἐν ταῖς τραγῳδίαις ποιεῖν τὸ θαυμαστόν, μᾶλλον δ' ἐνδέχεται ἐν τῇ ἐποποιίᾳ τὸ ἄλογον*, δι' ὃ συμβαίνει μάλιστα τὸ θαυμαστόν, διὰ τὸ μὴ ὁρᾶν εἰς τὸν πράττοντα, ἐπεὶ [τὰ] περὶ τὴν Ἕκτορος δίωξιν[1] ἐπὶ σκηνῆς ὄντα γελοῖα* ἂν φανείη, οἱ μὲν ἑστῶτες καὶ οὐ διώκοντες, ὁ δὲ ἀνανεύων· ἐν δὲ τοῖς ἔπεσι λανθάνει. Τὸ δὲ θαυμαστὸν ἡδύ· σημεῖον δέ, πάντες γὰρ προστιθέντες ἀπαγγέλλουσιν ὡς χαριζόμενοι. Δεδίδαχε δὲ μάλιστα Ὅμηρος καὶ τοὺς ἄλλους ψευδῆ λέγειν ὡς δεῖ*· ἔστι δὲ τοῦτο παραλογισμός*. Οἴονται γὰρ ἄνθρωποι, ὅταν τουδὶ ὄντος τοδὶ ᾖ, ἢ γινομένου γίνηται, εἰ τὸ ὕστερον ἔστι, καὶ τὸ πρότερον εἶναι ἢ γενέσθαι*· τοῦτο δ' ἐστὶ ψεῦδος. Διὸ δή (?), ἂν τὸ πρῶτον ψεῦδος, ἄλλο δὲ ὃ τούτου ὄντος ἀνάγκη εἶναι ἢ γενέσθαι ᾖ, προσθεῖναι (?)· διὰ γὰρ τὸ τοῦτο εἰδέναι ἀληθὲς ὄν, παραλογίζεται ἡμῶν ἡ ψυχὴ καὶ τὸ πρῶτον ὡς ὄν. Παράδειγμα δὲ τούτου ἐκ τῶν Νίπτρων[2].

Προαιρεῖσθαί τε δεῖ ἀδύνατα εἰκότα μᾶλλον ἢ δυνατὰ ἀπίθανα· τούς τε λόγους μὴ συνίστασθαι ἐκ μερῶν ἀλόγων, ἀλλὰ μάλιστα μὲν μηδὲν ἔχειν ἄλογον· εἰ δὲ μή, ἔξω τοῦ μυθεύματος, ὥσπερ Οἰδίπους τὸ μὴ εἰδέναι πῶς ὁ Λάιος ἀπέθανεν, ἀλλὰ

---

1. Hom., Iliade, XXII, 205. — 2. Odyssée, XIX, 335-505.

μὴ ἐν τῷ δράματι, ὥσπερ ἐν Ἠλέκτρᾳ οἱ τὰ Πύθια
ἀπαγγέλλοντες[1], ἢ ἐν Μυσοῖς ὁ ἄφωνος* ἐκ Τεγέας
εἰς τὴν Μυσίαν ἥκων. Ὥστε τὸ λέγειν ὅτι ἀνῄρητο
ἂν ὁ μῦθος γελοῖον· ἐξ ἀρχῆς γὰρ οὐ δεῖ συνίστασθαι τοιούτους· ἂν δὲ θῇ*, καὶ φαίνηται εὐλογώτε-
ρον, ἀποδέχεσθαι καὶ ἄτοπον; ἐπεὶ καὶ τὰ ἐν Ὀδυσ-
σείᾳ[2] ἄλογα τὰ περὶ τὴν ἔκθεσιν, ὡς οὐκ ἂν ἦν
ἀνεκτὰ δῆλον ἂν γένοιτο, εἰ αὐτὰ φαῦλος ποιητὴς
ποιήσειεν· νῦν δὲ τοῖς ἄλλοις ἀγαθοῖς ὁ ποιητὴς
ἀφανίζει ἡδύνων* τὸ ἄτοπον. Τῇ δὲ λέξει δεῖ δια-
πονεῖν ἐν τοῖς ἀργοῖς μέρεσι καὶ μήτε ἠθικοῖς μήτε
διανοητικοῖς· ἀποκρύπτει γὰρ πάλιν ἡ λίαν λαμπρὰ
λέξις τά τε ἤθη καὶ τὰς διανοίας.

ΚΕΦΑΛΑΙΟΝ ΚΕ΄.

XXV. Divers problèmes de critique au sujet des défauts
de la poésie. Solutions de ces problèmes.

Περὶ δὲ προβλημάτων καὶ λύσεων, ἐκ πόσων τε
καὶ ποίων ἂν εἰδῶν εἴη, ὧδ᾽ ἂν θεωροῦσι γένοιτ᾽
ἂν φανερόν. Ἐπεὶ γάρ ἐστι μιμητὴς ὁ ποιητής,
ὥσπερ ἂν εἰ ζωγράφος ἤ τις ἄλλος εἰκονοποιός,
ἀνάγκη μιμεῖσθαι τριῶν ὄντων τὸν ἀριθμὸν ἕν τι
ἀεί· ἢ γὰρ οἷα ἦν ἢ ἔστιν, ἢ οἷά φασι καὶ δοκεῖ,

1. Sophocle, *OEdipe roi*, v. 99-131; *Électre*, v. 680 764. —
2. Hom., *Odyssée*, XIII, 70-125.

[ἢ] οἷα εἶναι δεῖ. Ταῦτα δ᾽ ἐξαγγέλλεται λέξει*....
ἢ καὶ γλώτταις καὶ μεταφοραῖς. Καὶ πολλὰ πάθη
τῆς λέξεως ἐστίν· δίδομεν γὰρ ταῦτα τοῖς ποιη-
ταῖς. Πρὸς δὲ τούτοις οὐχ ἡ αὐτὴ ὀρθότης ἐστὶ τῆς
πολιτικῆς καὶ τῆς ποιητικῆς, οὐδὲ ἄλλης τέχνης
καὶ ποιητικῆς. Αὐτῆς δὲ τῆς ποιητικῆς διττὴ ἡ
ἁμαρτία· ἡ μὲν γὰρ καθ᾽ αὐτήν, ἡ δὲ κατὰ συμβεβηκός. Εἰ μὲν γὰρ προείλετο μιμήσασθαι.... ἀδυ-
ναμίαν, αὐτῆς ἡ ἁμαρτία· εἰ δὲ τὸ προελέσθαι
μὲν* ὀρθῶς, ἀλλὰ τὸν ἵππον ἄμφω τὰ δεξιὰ προβεβληκότα* ἢ τὸ καθ᾽ ἑκάστην τέχνην ἁμάρτημα,
οἷον τὸ κατ᾽ ἰατρικὴν ἢ ἄλλην τέχνην, ἢ ἀδύνατα
πεποίηται, ὁποιανοῦν, οὐ καθ᾽ ἑαυτήν. Ὥστε δεῖ
τὰ ἐπιτιμήματα ἐν τοῖς προβλήμασιν ἐκ τούτων
ἐπισκοποῦντα λύειν.

Πρῶτον μέν, [ἂν] τὰ πρὸς αὐτὴν τὴν τέχνην
ἀδύνατα πεποίηται, ἡμάρτηται. Ἀλλ᾽ ὀρθῶς ἔχει,
εἰ τυγχάνει τοῦ τέλους τοῦ αὐτῆς*· τὸ γὰρ τέλος εἴρηται, εἰ οὕτως ἐκπληκτικώτερον ἢ αὐτὸ ἢ ἄλλο
ποιεῖ μέρος. Παράδειγμα ἡ τοῦ Ἕκτορος δίωξις[1].
Εἰ μέντοι τὸ τέλος ἢ μᾶλλον [ἢ] ἧττον ἐνεδέχετο
ὑπάρχειν καὶ κατὰ τὴν περὶ τούτων τέχνην, ἡμάρτηται οὐκ ὀρθῶς· δεῖ γάρ, εἰ ἐνδέχεται, ὅλως
μηδαμῇ ἡμαρτῆσθαι.

Ἔτι ποτέρων ἐστὶ τὸ ἁμάρτημα, τῶν κατὰ

---

1. Hom., *Iliade*, XXII, 205

τὴν τέχνην ἢ κατ᾽ ἄλλο συμβεβηκός; ἔλαττον γάρ, εἰ μὴ ᾔδει ὅτι ἔλαφος θήλεια κέρατα οὐκ ἔχει*, ἢ εἰ ἀμιμήτως* ἔγραψεν.

Πρὸς δὲ τούτοις ἐὰν ἐπιτιμᾶται ὅτι οὐκ ἀληθῆ, ἀλλ᾽ οἷα δεῖ, οἷον καὶ Σοφοκλῆς ἔφη αὐτὸς μὲν οἵους δεῖ ποιεῖν, Εὐριπίδην* δὲ οἷοί εἰσι, ταύτῃ λυτέον.

Εἰ δὲ μηδετέρως, ὅτι οὕτω φασίν, οἷον τὰ περὶ θεῶν. Ἴσως γὰρ οὔτε βέλτιον οὕτω λέγειν οὔτ᾽ ἀληθῆ, ἀλλ᾽ ἔτυχεν, ὥσπερ Ξενοφάνης*.

Ἀλλ᾽ οὖν φασι τάδε, ἴσως δὲ οὐ βέλτιον μέν, ἀλλ᾽ οὕτως εἶχεν, οἷον τὰ περὶ τῶν ὅπλων, «ἔγχεα δέ σφιν ὄρθ᾽ ἐπὶ σαυρωτῆρος¹*.» Οὕτω γὰρ τότ᾽ ἐνόμιζον, ὥσπερ καὶ νῦν Ἰλλυριοί*.

Περὶ δὲ τοῦ καλῶς ἢ μὴ καλῶς ἢ εἴρηταί τινι ἢ πέπρακται, οὐ μόνον σκεπτέον εἰς αὐτὸ τὸ πεπραγμένον ἢ εἰρημένον βλέποντα, εἰ σπουδαῖον ἢ φαῦλον, ἀλλὰ καὶ εἰς τὸν πράττοντα ἢ λέγοντα πρὸς ὃν ἢ ὅτε ἢ ὅτῳ ἢ οὗ ἕνεκεν, οἷον ἢ μείζονος ἀγαθοῦ, ἵνα γένηται, ἢ μείζονος κακοῦ, ἵνα ἀπογένηται.

Τὰ δὲ πρὸς τὴν λέξιν ὁρῶντα δεῖ διαλύειν, οἷον γλώττῃ «Οὐρῆας μὲν πρῶτον²»*. Ἴσως γὰρ οὐ τοὺς ἡμιόνους λέγει ἀλλὰ τοὺς φύλακας. Καὶ τὸν Δόλωνα «ὅς ῥ᾽ ἦ τοι εἶδος μὲν ἔην κακός³», οὐ τὸ σῶμα ἀσύμμετρον, ἀλλὰ τὸ πρόσωπον αἰσχρόν· τὸ

---

1. Hom., *Iliade*, X, 152. — 2. *Ibid.*, I, 50. — 3. *Ibid.*, X, 316.

γὰρ εὐειδὲς οἱ Κρῆτες εὐπρόσωπον καλοῦσιν. Καὶ
τὸ « Ζωρότερον δὲ κέραιρε[1]* » οὐ τὸ ἄκρατον, ὡς οἰ-
νόφλυξιν, ἀλλὰ τὸ θᾶττον. Τὸ δὲ κατὰ μεταφορὰν
εἴρηται, οἷον « Πάντες* μέν ῥα θεοί τε καὶ ἀνέρες
Εὗδον παννύχιοι[2] » · ἅμα δέ φησιν « Ἤτοι ὅτ᾽ ἐς
πεδίον τὸ Τρωϊκὸν ἀθρήσειεν, Αὐλῶν συρίγγων θ᾽
ὁμαδόν[3]. » Τὸ γὰρ πάντες ἀντὶ τοῦ πολλοὶ κατὰ
μεταφορὰν εἴρηται· τὸ γὰρ πᾶν πολύ τι. Καὶ τὸ
« οἴη δ᾽ ἄμμορος[4] » κατὰ μεταφοράν· τὸ γὰρ
γνωριμώτατον μόνον*.·

Κατὰ δὲ προσῳδίαν, ὥσπερ Ἱππίας ἔλυεν ὁ Θάσιος τὸ « δίδομεν δέ οἱ[5] »* καὶ « τὸ μὲν οὐ καταπύθεται ὄμβρῳ[6]* ». Τὰ δὲ διαιρέσει, οἷον Ἐμπεδοκλῆς* « Αἶψα δὲ θνήτ᾽ ἐφύοντο, τὰ πρὶν μάθον
ἀθάνατ᾽ [εἶναι] Ζωρά τε τὰ πρὶν κέκρητο ». Τὰ δὲ
ἀμφιβολίᾳ, « παρῴχηκεν δὲ πλέων νύξ[7]· » τὸ γὰρ
πλέων ἀμφίβολόν ἐστιν.

Τὰ δὲ κατὰ τὸ ἔθος τῆς λέξεως, οἷον τὸν κεκραμένον οἶνόν φασιν εἶναι, ὅθεν πεποίηται « κνημὶς
νεοτεύκτου κασσιτέροιο[8] », καὶ «χαλκέας» τοὺς τὸν
σίδηρον ἐργαζομένους*, ὅθεν εἴρηται ὁ Γανυμήδης Διὶ
οἰνοχοεύειν, οὐ πινόντων οἶνον. Εἴη δ᾽ ἂν τοῦτό
γε κατὰ μεταφοράν. Δεῖ δὲ καί, ὅταν ὄνομά τι

---

1. Hom., *Iliade*, IX, 203.
2. *Ibid.*, II, 1 et X, 1.
3. *Ibid.*, X, 13.
4. *Ibid.*, XVIII, 489.

5. Hom., *Iliade*, XXI, 297.
6. *Ibid.*, XXIII, 328.
7. *Ibid.*, X, 252.
8. *Ibid.*, XXI, 592.

ὑπεναντίωμά τι δοκῇ σημαίνειν, ἐπισκοπεῖν ποσαχῶς ἂν σημήνειε τοῦτο ἐν τῷ εἰρημένῳ, οἷον τὸ
« τῇ ρ᾽ ἔσχετο χάλκεον* ἔγχος[1]», τὸ ταύτῃ κωλυ-
θῆναι· τὸ δὲ ποσαχῶς ἐνδέχεται ὡδί πως μάλιστ᾽
ἄν τις ὑπολάβοι κατὰ τὴν καταντικρύ.

Ἢ ὡς Γλαύκων* λέγει, ὅτι ἔνιοι ἀλόγως προϋπο-
λαμβάνουσι, καὶ αὐτοὶ καταψηφισάμενοι συλλογί-
ζονται, καί, ὡς εἰρηκότος ὅ τι δοκεῖ, ἐπιτιμῶσιν,
ἂν ὑπεναντίον ᾖ τῇ αὐτῶν οἰήσει. Τοῦτο δὲ πέπονθε
τὰ περὶ Ἰκάριον[2]. Οἴονται γὰρ αὐτὸν Λάκωνα εἶναι·
ἄτοπον οὖν τὸ μὴ ἐντυχεῖν τὸν Τηλέμαχον αὐτῷ
εἰς Λακεδαίμονα ἐλθόντα. Τὸ δ᾽ ἴσως ἔχει ὥσπερ οἱ
Κεφαλῆνές φασιν· παρ᾽ αὐτῶν γὰρ γῆμαι λέγουσι
τὸν Ὀδυσσέα, καὶ εἶναι Ἰκάδιον ἀλλ᾽ οὐκ Ἰκάριον*.
Δι᾽ ἁμάρτημα δὲ τὸ πρόβλημα εἰκός ἐστιν.

Ὅλως δὲ τὸ ἀδύνατον μὲν ἢ πρὸς τὴν ποίησιν ἢ
πρὸς τὸ βέλτιον ἢ πρὸς τὴν δόξαν δεῖ ἀνάγειν.
Πρός τε γὰρ τὴν ποίησιν αἱρετώτερον πιθανὸν ἀδύνατον ἢ ἀπίθανον καὶ δυνατὸν.... τοιούτους δ᾽ εἶναι
οἵους Ζεῦξις* ἔγραφεν, ἀλλὰ καὶ πρὸς τὸ βέλτιον·
τὸ γὰρ παράδειγμα δεῖ ὑπερέχειν.... Πρὸς ἅ φασι
τἄλογα οὕτω τε καὶ ὅτι ποτὲ οὐκ ἄλογόν ἐστιν·
εἰκὸς γὰρ καὶ παρὰ τὸ εἰκὸς γίνεσθαι. Τὰ δ᾽ ὑπεναντία ὡς εἰρημένα οὕτω σκοπεῖν, ὥσπερ οἱ ἐν τοῖς
λόγοις ἔλεγχοι, εἰ τὸ αὐτὸ καὶ πρὸς τὸ αὐτὸ καὶ

---

1. Hom., *Iliade*, XX, 272. — 2. *Odyssée*, I, 285.

ὡσαύτως, ὥστε (?) καὶ αὐτὸν ἢ πρὸς ἃ αὐτὸς λέγει
ἢ ὃ ἂν φρόνιμος ὑποθῆται. Ὀρθὴ δ' ἐπιτίμησις
καὶ ἀλογία καὶ μοχθηρία, ὅταν μὴ ἀνάγκης οὔσης
μηθὲν (?) χρήσηται τῷ ἀλόγῳ, ὥσπερ Εὐριπίδης
τῷ Αἰγεῖ*, ἢ τῇ πονηρίᾳ, ὥσπερ ἐν Ὀρέστῃ τοῦ
Μενελάου.

Τὰ μὲν οὖν ἐπιτιμήματα ἐκ πέντε εἰδῶν φέρου-
σιν· ἢ γὰρ ὡς ἀδύνατα ἢ ὡς ἄλογα ἢ ὡς βλαβερὰ ἢ
ὡς ὑπεναντία ἢ ὡς παρὰ τὴν ὀρθότητα τὴν κατὰ
τέχνην· αἱ δὲ λύσεις ἐκ τῶν εἰρημένων ἀριθμῶν
σκεπτέαι, εἰσὶ δὲ δώδεκα*.

ΚΕΦΑΛΑΙΟΝ Κϛ'.

XXVI. Retour au sujet du chapitre vingt-quatrième : comparaison de l'épopée avec la tragédie ; conclusion
sur l'épopée et la tragédie.

Πότερον δὲ βελτίων ἡ ἐποποιικὴ μίμησις ἢ ἡ
τραγικὴ διαπορήσειεν ἄν τις. Εἰ γὰρ ἡ ἧττον φορτικὴ* βελτίων, τοιαύτη δ' ἡ πρὸς βελτίους* θεατάς
ἐστι, δῆλον ὅτι ἡ ἅπαντα μιμουμένη φορτική. Ὡς
γὰρ οὐκ αἰσθανομένων, ἂν μὴ αὐτὸς προσθῇ, πολλὴν κίνησιν κινοῦνται, οἷον οἱ φαῦλοι αὐληταὶ κυ-
λιόμενοι*, ἂν δίσκον δέῃ μιμεῖσθαι, καὶ ἕλκοντες
τὸν κορυφαῖον, ἂν Σκύλλαν* αὐλῶσιν.

Ἡ μὲν οὖν τραγῳδία τοιαύτη ἐστίν, ὡς καὶ οἱ
πρότερον τοὺς ὑστέρους αὐτῶν ᾤοντο ὑποκριτάς· ὡς

λίαν γὰρ ὑπερβάλλοντα πίθηκον ὁ Μυνίσκος* τὸν Καλλιππίδην* ἐκάλει · τοιαύτη δὲ δόξα καὶ περὶ Πινδάρου* ἦν. Ὡς δ' οὗτοι ἔχουσι πρὸς αὐτούς, ἡ ὅλη τέχνη πρὸς τὴν ἐποποιίαν ἔχει. Τὴν μὲν οὖν πρὸς θεατὰς ἐπιεικεῖς φασὶν εἶναι, διὸ οὐδὲν δέονται τῶν σχημάτων, τὴν δὲ τραγικὴν πρὸς φαύλους. Ἡ οὖν φορτικὴ χείρων δῆλον ὅτι ἂν εἴη.

Πρῶτον μὲν οὐ τῆς ποιητικῆς ἡ κατηγορία ἀλλὰ τῆς ὑποκριτικῆς, ἐπεὶ ἔστι περιεργάζεσθαι τοῖς σημείοις καὶ ῥαψῳδοῦντα*, ὅπερ ἐποίει Σωσίστρατος*, καὶ διάδοντα*, ὅπερ ἐποίει Μνασίθεος ὁ Ὀπούντιος. Εἶτα οὐδὲ κίνησις ἅπασα ἀποδοκιμαστέα, εἴπερ μηδ' ὄρχησις, ἀλλ' ἡ φαύλων, ὅπερ καὶ Καλλιππίδη ἐπετιμᾶτο καὶ νῦν ἄλλοις, ὡς οὐκ ἐλευθέρας γυναῖκας μιμουμένων. Ἔτι ἡ τραγῳδία καὶ ἄνευ κινήσεως ποιεῖ τὸ αὑτῆς, ὥσπερ ἡ ἐποποιία· διὰ γὰρ τοῦ ἀναγινώσκειν φανερὰ ὁποία τις ἐστίν. Εἰ οὖν ἐστὶ τἄλλα κρείττων, τοῦτό γε οὐκ ἀναγκαῖον αὐτῇ ὑπάρχειν. Ἔπειτα διότι πάντ' ἔχει ὅσαπερ ἡ ἐποποιία (καὶ γὰρ τῷ μέτρῳ* ἔξεστι χρῆσθαι) καὶ ἔτι οὐ μικρὸν μέρος τὴν μουσικὴν καὶ τὴν ὄψιν ἔχει, δι' ἧς αἱ ἡδοναὶ συνίστανται ἐναργέστατα. Εἶτα καὶ τὸ ἐναργὲς ἔχει καὶ ἐν τῇ ἀναγνωρίσει* καὶ ἐπὶ τῶν ἔργων. Ἔτι τῷ ἐν ἐλάττονι μήκει* τὸ τέλος τῆς μιμήσεως εἶναι· τὸ γὰρ ἀθροώτερον ἥδιον ἢ πολλῷ κεκραμένον τῷ χρόνῳ, λέγω δὲ οἷον εἴ τις τὸν Οἰδίπουν θείη τὸν Σοφοκλέους ἐν ἔπεσιν ὅσοις ἡ Ἰλιάς.

Ἔτι ἧττον ἡ μία ὁποιαοῦν μίμησις ἡ τῶν ἐποποιῶν. Σημεῖον δέ· ἐκ γὰρ ὁποιασοῦν μιμήσεως πλείους τραγῳδίαι γίνονται. Ὥστ' ἐὰν μὲν ἕνα μῦθον ποιῶσιν, ἀνάγκη ἢ βραχέα δεικνύμενον μύουρον φαίνεσθαι, ἢ ἀκολουθοῦντα τῷ τοῦ μέτρου μήκει ὑδαρῆ.... Ἐὰν δὲ πλείους, λέγω δὲ οἷον ἐὰν ἐκ πλειόνων πράξεων ἦ συγκειμένη, οὐ μία, ὥσπερ ἡ Ἰλιὰς ἔχει πολλὰ τοιαῦτα μέρη καὶ ἡ Ὀδύσσεια, [ἃ] καὶ καθ' ἑαυτὰ ἔχει μέγεθος· καίτοι ταῦτα τὰ ποιήματα συνέστηκεν ὡς ἐνδέχεται ἄριστα, καὶ ὅτι μάλιστα μιᾶς πράξεως μίμησίς ἐστιν. Εἰ οὖν τούτοις τε διαφέρει πᾶσι καὶ ἔτι τῷ τῆς τέχνης ἔργῳ (δεῖ γὰρ οὐ τὴν τυχοῦσαν ἡδονὴν ποιεῖν αὐτὰς ἀλλὰ τὴν εἰρημένην), φανερὸν ὅτι κρείττων ἂν εἴη μᾶλλον τοῦ τέλους τυγχάνουσα τῆς ἐποποιίας.

Περὶ μὲν οὖν τραγῳδίας καὶ ἐποποιίας*, καὶ αὐτῶν καὶ τῶν εἰδῶν καὶ τῶν μερῶν αὐτῶν, καὶ πόσα καὶ τί διαφέρει, καὶ τοῦ εὖ ἢ μὴ τίνες αἰτίαι, καὶ περὶ ἐπιτιμήσεων καὶ λύσεων, εἰρήσθω τοσαῦτα.

ΕΚ ΤΩΝ ΠΟΛΙΤΙΚΩΝ.

(Livre V, ou, selon d'autres, VIII; chap. vii [1].)

Ἐπεὶ δὲ τὴν διαίρεσιν ἀποδεχόμεθα τῶν μελῶν
ὡς διαιροῦσί τινες τῶν ἐν φιλοσοφίᾳ, τὰ μὲν ἠθικὰ
τὰ δ᾽ ἐνθουσιαστικὰ τιθέντες (καὶ τῶν ἁρμονιῶν
τὴν φύσιν πρὸς ἕκαστα τούτων οἰκείαν ἄλλην πρὸς
ἄλλο μέρος τιθέασι), φαμὲν δ᾽ οὐ μιᾶς ἕνεκεν ὠφε-
λείας τῇ μουσικῇ χρῆσθαι δεῖν ἀλλὰ καὶ πλειόνων
χάριν (καὶ γὰρ [καὶ] παιδείας ἕνεκεν καὶ καθάρσεως
— τί δὲ λέγομεν τὴν κάθαρσιν, νῦν μὲν ἁπλῶς,
πάλιν δ᾽ ἐν τοῖς περὶ ποιητικῆς ἐροῦμεν σαφέστε-

---

1. Par suite de la perte d'une *Poétique* d'Aristote plus complète que celle que nous possédons, cette page de la *Politique* se trouve le seul commentaire qui nous reste de la main d'Aristote pour expliquer la définition de la tragédie qu'on lit plus haut, p. 40, ch. vi, § 1 de la *Poétique*. C'est pourquoi nous avons cru devoir la reproduire ici. On reconnaîtra sans peine que les principes exposés dans cette page sur la musique s'appliquent d'eux-mêmes et de plein droit à la poésie. — C'est aussi à titre de complément utile de la *Poétique* que figurent ici ceux des chapitres du XIXᵉ livre des *Problèmes* d'Aristote, relatif à la musique, qui se rapportent, plus ou moins directement, à la poésie.

ρον—, τρίτον δὲ πρὸς διαγωγήν, πρὸς ἄνεσίν τε
καὶ πρὸς τὴν τῆς συντονίας ἀνάπαυσιν)· φανερὸν ὅτι
χρηστέον μὲν πάσαις ταῖς ἁρμονίαις, οὐ τὸν αὐτὸν
δὲ τρόπον πάσαις χρηστέον, ἀλλὰ πρὸς μὲν τὴν
παιδείαν ταῖς ἠθικωτάταις, πρὸς δὲ ἀκρόασιν ἑτέ-
ρων χειρουργούντων καὶ ταῖς πρακτικαῖς καὶ ταῖς
ἐνθουσιαστικαῖς. Ὁ γὰρ περὶ ἐνίας συμβαίνει πάθος
ψυχὰς ἰσχυρῶς, τοῦτο ἐν πάσαις ὑπάρχει, τῷ δὲ ἧττον διαφέρει καὶ τῷ μᾶλλον, οἷον ἔλεος καὶ φόβος,
ἔτι δ᾽ ἐνθουσιασμός. Καὶ γὰρ ὑπὸ ταύτης τῆς κινήσεως κατακώχιμοί τινες εἰσίν· ἐκ τῶν δ᾽ ἱερῶν
μελῶν ὁρῶμεν τούτους, ὅταν χρήσωνται, τοῖς ἐξορ-
γιάζουσι* τὴν ψυχὴν μέλεσι, καθισταμένους ὥσπερ
ἰατρείας τυχόντας καὶ καθάρσεως. Ταὐτὸ δὴ τοῦτο
ἀναγκαῖον πάσχειν καὶ τοὺς ἐλεήμονας καὶ τοὺς
φοβητικοὺς καὶ τοὺς ὅλως παθητικούς, τοὺς δ᾽ ἄλλους καθ᾽ ὅσον ἐπιβάλλει τῶν τοιούτων ἑκάστῳ, καὶ
πᾶσι γίγνεσθαί τινα κάθαρσιν καὶ κουφίζεσθαι μεθ᾽
ἡδονῆς. Ὁμοίως δὲ καὶ τὰ μέλη τὰ καθαρτικὰ
παρέχει χαρὰν ἀβλαβῆ τοῖς ἀνθρώποις. Διὸ ταῖς
μὲν τοιαύταις ἁρμονίαις καὶ τοῖς τοιούτοις μέλεσι.... θετέον τοὺς τὴν [θεατρικὴν] μουσικὴν με-
ταχειριζομένους ἀγωνιστάς.

ΕΚ ΤΩΝ ΠΡΟΒΛΗΜΑΤΩΝ.

(ΒΙΒΛΙΟΝ ΙΘ΄. ΠΕΡΙ ΑΡΜΟΝΙΑΣ)

___

ΚΕΦ. Α΄. Διὰ τί οἱ πονοῦντες καὶ οἱ ἀπολαύον-
τες αὐλοῦνται*; Ἢ ἵνα οἱ μὲν ἧττον λυπῶνται, οἱ
δὲ μᾶλλον χαίρωσιν.

ΚΕΦ. ΜΓ΄. Διὰ τί ἥδιον τῆς μονῳδίας ἐστὶν
[ἀκούειν] ἐάν τις πρὸς αὐλὸν ἢ λύραν ᾄδῃ; Ἢ ὅτι
πᾶν τὸ ἡδίονι μιχθὲν ἥδιον* ἕν ἐστιν; ὁ δὲ αὐλὸς
ἡδίων τῆς λύρας, ὥστε καὶ ἡ ᾠδὴ τούτῳ μιχθεῖσα
ἢ λύρᾳ* ἡδίων ἂν εἴη· ἔτι* τὸ μεμιγμένον τοῦ
ἀμίκτου ἥδιόν ἐστιν, ἐὰν ἀμφοῖν ἅμα τὴν αἴσθησίν
τις λαμβάνῃ. Οἶνος γὰρ ἡδίων τοῦ ὀξυμέλιτος διὰ
τὸ μεμῖχθαι μᾶλλον αὐτοῖς τὰ ὑπὸ τῆς φύσεως μι-
χθέντα ἢ ὑφ᾽ ἡμῶν. Ἔστι γὰρ καὶ ὁ οἶνος μικτὸς
ἐξ ὀξέος καὶ γλυκέος χυμοῦ. Δηλοῦσι δὲ καὶ αἱ οἰνώδεις ῥοαὶ* καλούμεναι. Ἡ μὲν οὖν ᾠδὴ καὶ ὁ αὐλὸς
μίγνυνται αὐτοῖς δι᾽ ὁμοιότητα (πνεύματι γὰρ
ἄμφω γίνεται)· ὁ δὲ τῆς λύρας φθόγγος, ἐπειδὴ οὐ
πνεύματι γίνεται, ἢ* ἧττον αἰσθητὸν ἢ ὁ τῶν αὐλῶν,

ἀμικτότερός ἐστι τῇ φωνῇ· ποιῶν δὲ διαφορὰν τῇ αἰσθήσει ἧττον ἡδύνει, καθάπερ ἐπὶ τῶν χυμῶν εἴρηται. Ἔτι ὁ μὲν αὐλὸς πολλὰ τῷ αὑτοῦ ἤχῳ καὶ τῇ ὁμοιότητι συγκρύπτει τῶν τοῦ ᾠδοῦ ἁμαρτημά- των· οἱ δὲ τῆς λύρας φθόγγοι ὄντες ψιλοὶ καὶ ἀμι- κτότεροι τῇ φωνῇ, καθ᾽ ἑαυτοὺς θεωρούμενοι* καὶ ὄντες, αὐτοῖς* συμφανῆ ποιοῦσι τὴν τῆς ᾠδῆς ἁμαρ- τίαν, καθάπερ κανόνες ὄντες αὐτῶν. Πολλῶν δὲ ἐν τῇ ᾠδῇ ἁμαρτανομένων, τὸ κοινὸν ἐξ ἀμφοῖν ἀναγ- καῖον χεῖρον γίνεσθαι.

ΚΕΦ. Θ'. Διὰ τί ἥδιον τῆς μονῳδίας ἀκούομεν, ἐάν τις πρὸς αὐλὸν* ἢ λύραν ᾄδῃ, καίτοι πρὸς χορ- δὰς* καὶ τὸ αὐτὸ μέλος ᾄδουσιν ἀμφοτέρως; Εἰ γὰρ ἔτι μᾶλλον τὸ αὐτό, πλέον ἔδει πρὸς πολλοὺς αὐ- λητὰς καὶ ἔτι ἥδιον εἶναι. Ἢ ὅτι τυγχάνων δῆλος τοῦ σκοποῦ μᾶλλον, ὅταν πρὸς αὐλὸν ἢ λύραν; τὸ δὲ πρὸς πολλοὺς αὐλητὰς ἢ λύρας πολλὰς οὐχ ἥδιον, ὅτι ἀφανίζει τὴν ᾠδήν.

ΚΕΦ. Ι'. Διὰ τί, εἰ ἥδιον ἡ ἀνθρώπου φωνή, ἡ ἄνευ λόγου ᾄδοντος οὐχ ἡδίων ἐστίν, οἷον τερετιζόν- των*, ἀλλ᾽ αὐλὸς ἢ λύρα; Ἢ οὐδ᾽ ἐκεῖ, ἐὰν μὴ μι- μῆται, ὁμοίως ἡδύ; Οὐ μὴν ἀλλὰ καὶ διὰ τὸ ἔργον αὐτό. Ἡ μὲν γὰρ φωνὴ ἡδίων ἡ τοῦ ἀνθρώπου, κρουστικὰ* δὲ μᾶλλον τὰ ὄργανα τοῦ στόματος. Διὸ ἥδιον ἀκούειν ἢ [τὸ] τερετίζειν*.

ΚΕΦ. ΚΘ΄.* Διὰ τί οἱ ῥυθμοὶ καὶ τὰ μέλη φωνὴ οὖσα ἤθεσιν ἔοικεν, οἱ δὲ χυμοὶ οὔ, ἀλλ᾽ οὐδὲ τὰ χρώματα καὶ αἱ ὀσμαί; Ἢ ὅτι κινήσεις εἰσὶν ὥσπερ καὶ αἱ πράξεις; ἤδη δὲ ἡ μὲν ἐνέργεια ἠθικὸν καὶ ποιεῖ ἦθος, οἱ δὲ χυμοὶ καὶ τὰ χρώματα οὐ ποιοῦσιν ὁμοίως.

ΚΕΦ. ΚΖ΄.* Διὰ τί τὸ ἀκουστὸν μόνον ἦθος ἔχει τῶν αἰσθητῶν; καὶ γὰρ ἐὰν ᾖ ἄνευ λόγου μέλος, ὅμως ἔχει ἦθος· ἀλλ᾽ οὐ τὸ χρῶμα οὐδὲ ἡ ὀσμὴ οὐδὲ ὁ χυμὸς ἔχει. Ἢ ὅτι κίνησιν ἔχει μόνον οὐχί(?), ἣν* ὁ ψόφος ἡμᾶς κινεῖ; τοιαύτη μὲν γὰρ καὶ τοῖς ἄλλοις ὑπάρχει· κινεῖ γὰρ καὶ τὸ χρῶμα τὴν ὄψιν*· ἀλλὰ τῆς ἑπομένης τῷ τοιούτῳ ψόφῳ αἰσθανόμεθα κινήσεως. Αὕτη δὲ ἔχει ὁμοιότητα ἔν τε τοῖς ῥυθμοῖς καὶ ἐν τῇ τῶν φθόγγων τάξει τῶν ὀξέων καὶ βαρέων, οὐκ ἐν τῇ μίξει· ἀλλ᾽ ἡ συμφωνία οὐκ ἔχει ἦθος. Ἐν δὲ τοῖς ἄλλοις αἰσθητοῖς τοῦτο οὐκ ἔστιν. Αἱ δὲ κινήσεις αὗται πρακτικαί* εἰσιν, αἱ δὲ πράξεις ἤθους σημασία ἐστίν.

ΚΕΦ. ΛΗ΄. Διὰ τί ῥυθμῷ καὶ μέλει καὶ ὅλως ταῖς συμφωνίαις χαίρουσι πάντες; Ἢ ὅτι ταῖς κατὰ φύσιν κινήσεσι χαίρομεν κατὰ φύσιν*; σημεῖον δὲ τὸ τὰ παιδία εὐθὺς γενόμενα χαίρειν αὐτοῖς. Διὰ δὲ τὸ ἔθος τρόποις* μελῶν χαίρομεν. Ῥυθμῷ δὲ χαίρομεν διὰ τὸ γνώριμον καὶ τεταγμένον ἀριθμὸν ἔχειν*, καὶ κινεῖν ἡμᾶς τεταγμένως· οἰκειοτέρα γὰρ ἡ τεταγμένη κίνησις φύσει τῆς ἀτάκτου, ὥστε καὶ κατὰ φύσιν μᾶλλον. Σημεῖον δέ· πονοῦντες γὰρ καὶ πίνοντες καὶ ἐσθίοντες τεταγμένα σώζομεν καὶ αὔξομεν τὴν φύσιν καὶ τὴν δύναμιν*, ἄτακτα δέ, φθείρομεν καὶ ἐξίσταμεν αὐτήν· αἱ γὰρ νόσοι τῆς τοῦ σώματος οὐ* κατὰ φύσιν τάξεως κινήσεις εἰσίν. Συμφωνίᾳ* δὲ χαίρομεν, ὅτι κρᾶσίς ἐστι λόγον ἐχόντων ἐναντίων πρὸς ἄλληλα· ὁ μὲν οὖν λόγος τάξις, ὃ ἦν* φύσει ἡδύ. Τὸ δὲ κεκραμένον τοῦ ἀκράτου πᾶν ἥδιον, ἄλλως τε κἂν αἰσθητὸν ὃν ἀμφοῖν τοῖν ἄκροιν, ἐξ ἴσου τὴν δύναμιν ἔχοι ἐν τῇ συμφωνίᾳ ὁ λόγος*.

ΚΕΦ. Κ΄. Διὰ τί, ἐὰν μέν τις τὴν μέσην κινήσῃ* ἡμῶν, ἁρμόσας τὰς ἄλλας χορδάς, καὶ χρῆται τῷ ὀργάνῳ, οὐ μόνον ὅταν κατὰ τὸν τῆς μέσης γέντηται φθόγγον λυπεῖ καὶ φαίνεται ἀνάρμοστον, ἀλλὰ καὶ κατὰ τὴν ἄλλην μελῳδίαν· ἐὰν δὲ τὴν λιχανὸν* ἤ τινα ἄλλον φθόγγον, τότε φαίνεται διαφέρειν μόνον, ὅταν κἀκείνη τις χρῆται; Ἡ εὐλόγως τοῦτο συμβαίνει; Πάντα γὰρ τὰ χρηστὰ μέλη πολλάκις τῇ μέσῃ χρῆται, καὶ πάντες οἱ ἀγαθοὶ ποιηταὶ πυκνὰ πρὸς τὴν μέσην ἀπαντῶσι, κἂν ἀπέλθωσι, ταχὺ ἐπανέρχονται· πρὸς δὲ ἄλλην οὕτως οὐδεμίαν. Καθάπερ ἐκ τῶν λόγων ἐνίων ἐξαιρεθέντων συνδέσμων οὐκ ἔστιν ὁ λόγος ἑλληνικός*, οἷον τὸ τέ καὶ τὸ

καί· ἔνιοι δὲ οὐθὲν λυποῦσι, διὰ τὸ τοῖς μὲν ἀναγκαῖον εἶναι χρῆσθαι πολλάκις, εἰ ἔσται λόγος, τοῖς
δὲ μή· οὕτω καὶ τῶν φθόγγων ἡ μέση ὥσπερ σύν-
δεσμός ἐστι, καὶ μάλιστα τῶν καλῶν*, διὰ τὸ πλει-
στάκις ἐνυπάρχειν τὸν φθόγγον αὐτῆς.

ΚΕΦ. Ε'. Διὰ τί ἥδιον ἀκούουσιν ἀδόντων ὅσα
ἂν προεπιστάμενοι τυγχάνωσι τῶν μελῶν, ἢ ὧν μὴ
ἐπίστανται; Πότερον ὅτι μᾶλλον δῆλος ὁ τυγχάνων
ὥσπερ σκοποῦ, ὅταν γνωρίζωσι τὸ ἀδόμενον; τοῦτο
δὲ ἡδὺ θεωρεῖν*. Ἢ ὅτι ἡδὺ τὸ μανθάνειν*; τούτου
δὲ αἴτιον ὅτι τὸ μὲν λαμβάνειν τὴν ἐπιστήμην, τὸ
δὲ χρῆσθαι καὶ ἀναγνωρίζειν ἐστίν. Ἔτι καὶ τὸ
σύνηθες ἡδὺ μᾶλλον τοῦ ἀσυνήθους*.

ΚΕΦ. Μ'. Διὰ τί ἥδιον ἀκούουσιν ἀδόντων ὅσα
ἂν προεπιστάμενοι τύχωσι τῶν μελῶν, ἢ ἐὰν μὴ
ἐπιστῶνται; Πότερον ὅτι μᾶλλον δῆλός ἐστιν ὁ
τυγχάνων ὥσπερ σκοποῦ, ὅταν γνωρίζωσι τὸ ἀδόμενον; γνωριζόντων δὲ ἡδὺ θεωρεῖν. Ἢ ὅτι συμπα-
θής ἐστιν ὁ ἀκροατὴς τῷ τὸ γνώριμον ἄδοντι; συνᾴδει* γὰρ αὐτῷ. Ἄιδει δὲ πᾶς γεγηθὼς ὁ μὴ διά τινα
ἀνάγκην ποιῶν τοῦτο*.

ΚΕΦ. ϛ'. Διὰ τί ἡ παρακαταλογὴ* ἐν ταῖς
ᾠδαῖς τραγικόν; Ἢ διὰ τὴν ἀνωμαλίαν; παθητι-

κὸν γὰρ τὸ ἀνωμαλὲς καὶ ἐν μεγέθει τύχης ἢ λύ-
πης. Τὸ δὲ ὁμαλὲς ἔλαττον γοῶδες.

ΚΕΦ. ΚΗ'. Διὰ τί νόμοι καλοῦνται οὓς* ᾄδουσιν; Ἢ ὅτι πρὶν ἐπίστασθαι·γράμματα, ᾖδον τοὺς
νόμους, ὅπως μὴ ἐπιλάθωνται, ὥσπερ ἐν Ἀγαθύρ-
σοις ἔτι εἰώθασιν*; καὶ τῶν ὑστέρων οὖν ᾠδῶν τὰς
πρώτας (?) τὸ αὐτὸ ἐκάλεσαν ὅπερ τὰς πρώτας.

ΚΕΦ. ΙΕ'. Διὰ τί οἱ μὲν νόμοι οὐκ ἐν ἀντιστρό-
φοις ἐποιοῦντο, αἱ δὲ ἄλλαι ᾠδαὶ αἱ χορικαί; Ἢ
ὅτι οἱ μὲν νόμοι ἀγωνιστῶν ἦσαν, ὧν ἤδη μιμεῖσθαι
δυναμένων* καὶ διατείνεσθαι, ἡ ᾠδὴ ἐγίνετο μακρὰ
καὶ πολυειδής; Καθάπερ οὖν καὶ τὰ ῥήματα καὶ τὰ
μέλη τῇ μιμήσει ἠκολούθει ἀεὶ ἕτερα γινόμενα.
Μᾶλλον γὰρ τῷ μέλει ἀνάγκη μιμεῖσθαι ἢ τοῖς
ῥήμασιν. Διὸ καὶ οἱ διθύραμβοι, ἐπειδὴ μιμητικοὶ
ἐγένοντο, οὐκέτι ἔχουσιν ἀντιστρόφους, πρότερον δὲ
εἶχον. Αἴτιον δὲ ὅτι τὸ παλαιὸν οἱ ἐλεύθεροι ἐχό-
ρευον αὐτοί· πολλοὺς οὖν ἀγωνιστικῶς ᾄδειν χαλε-
πὸν ἦν, ὥστε ἐναρμόνια μέλη ἐνῇδον. Μεταβάλλειν
γὰρ πολλὰς μεταβολὰς τῷ ἑνὶ ῥᾷον ἢ τοῖς πολλοῖς, καὶ τῷ ἀγωνιστῇ ἢ τοῖς τὸ ἦθος φυλάττουσιν*. Διὸ ἁπλούστερα ἐποίουν αὐτοῖς τὰ μέλη. Ἡ
δὲ ἀντίστροφος ἁπλοῦν· ἀριθμὸς* γάρ ἐστι καὶ ἑνὶ
μετρεῖται*. Τὸ δ' αὐτὸ αἴτιον καὶ διότι τὰ μὲν
ἀπὸ τῆς σκηνῆς οὐκ ἀντίστροφα, τὰ δὲ τοῦ χοροῦ

ἀντίστροφα· ὁ μὲν γὰρ ὑποκριτὴς ἀγωνιστὴς καὶ μιμητής, ὁ δὲ χορὸς ἧττον μιμεῖται.

ΚΕΦ. Λ'. Διὰ τί οὐδὲ ὑποδωριστὶ οὐδὲ ὑποφρυγιστὶ οὐκ ἔστιν ἐν τραγῳδίᾳ χορικόν; Ἢ ὅτι οὐκ ἔχει ἀντίστροφον*; Ἀλλ' ἀπὸ σκηνῆς· μιμητικὴ γάρ.

,ΚΕΦ. ΜΗ'. *Διὰ·τί οἱ ἐν τραγῳδίᾳ χοροὶ οὔθ' ὑποδωριστὶ οὔθ' ὑποφρυγιστὶ ᾄδουσιν; Ἢ ὅτι μέλος ἥκιστα ἔχουσιν αὗται αἱ ἁρμονίαι, οὗ δεῖ μάλιστα τῷ χορῷ; Ἦθος δὲ ἔχει ἡ μὲν ὑποφρυγιστὶ πρακτικόν*· (διὸ καὶ ἔν τε (?) τῷ Γηρυόνῃ* ἡ ἔξοδος καὶ ἡ ἐξόπλισις ἐν ταύτῃ πεποίηται·) ἡ δὲ ὑποδωριστὶ μεγαλοπρεπὲς καὶ στάσιμον*· διὸ καὶ κιθαρῳδικωτάτη ἐστὶ τῶν ἁρμονιῶν. Ταῦτα δ' ἄμφω χορῷ μὲν ἀνάρμοστα, τοῖς δὲ ἀπὸ σκηνῆς οἰκειότερα. Ἐκεῖνοι μὲν γὰρ ἡρώων μιμηταί· οἱ δὲ ἡγεμόνες τῶν ἀρχαίων μόνοι ἦσαν ἥρωες, οἱ δὲ λαοὶ ἄνθρωποι, ὧν ἐστὶν ὁ χορός. Διὸ καὶ ἁρμόζει αὐτῷ τὸ γοερὸν καὶ ἡσύχιον ἦθος καὶ μέλος· ἀνθρωπικὰ* γάρ. Ταῦτα δ' ἔχουσιν αἱ ἄλλαι ἁρμονίαι, ἥκιστα δὲ αὐτῶν ἡ ὑποφρυγιστί· ἐνθουσιαστικὴ γὰρ καὶ βαχχική· [μάλιστα δ' ἡ μιξολυδιστί*.] Κατὰ μὲν οὖν ταύτην πασχομέν τι· παθητικοὶ δὲ οἱ ἀσθενεῖς μᾶλλον τῶν δυνατῶν εἰσι· διὸ καὶ αὐτὴ ἁρμόττει τοῖς χοροῖς· κατὰ δὲ τὴν ὑποδωριστὶ καὶ ὑποφρυγιστὶ πράττομεν, ὃ οὐκ οἰκεῖόν ἐστι χορῷ. Ἔστι γὰρ ὁ χορὸς κηδευτὴς ἄπρακτος· εὔνοιαν γὰρ μόνον παρέχεται οἷς πάρεστιν*.

ΚΕΦ. ΛΑ΄. Διὰ τί οἱ περὶ Φρύνιχον* ἦσαν μᾶλλον μελοποιοί; Ἢ διὰ τὸ πολλαπλάσια εἶναι τότε τὰ μέλη ἐν ταῖς τραγωδίαις τῶν μέτρων*;

APPENDICE.

On a vu plus haut (p. 59-60) ce qui nous reste d'Aristote lui-même pour expliquer sa théorie, devenue si célèbre, et souvent si mal comprise, de la purgation des passions par le drame. Parmi les auteurs anciens qui avaient sous les yeux la *Poétique* plus complète qu'elle ne nous est parvenue, on peut nommer le néoplatonicien Proclus, qui, dans son commentaire sur la *République* de Platon, paraît se référer au texte même d'Aristote, en comparant l'une avec l'autre les doctrines de ces deux philosophes sur l'influence morale de la poésie dramatique. M. Bernays, dans son mémoire cité plus bas (note sur le chapitre VI de la *Poétique*) a, le premier, attiré l'attention des critiques sur les pages de Proclus relatives à ce sujet, pages qui, imprimées une seule fois dans un livre aujourd'hui très-rare, leur avaient jusqu'ici échappé. M. Vahlen les a reproduites dans son édition de 1874. Nous les reproduisons également d'après M. Bernays, avec les corrections judicieuses qu'il y apporte. On lira sans doute avec intérêt ces pages, où il est difficile de ne pas reconnaître un reflet assez fidèle de la doctrine du Stagirite, telle que nous la comprenons avec M. Weil et M. Bernays et que nous avons jadis essayé de la justifier. MM. Bernays et Vahlen en rapprochent encore quelques lignes de Jamblique

(*Sur les Mystères*, I, 11), où ne figure pas le nom d'Aristote, et auxquelles il nous paraît suffisant de renvoyer.

Proclus (page 360, éd. de Bâle), après avoir donné une première raison des répugnances de Platon pour la poésie, continue en ces termes :

Δεύτερον, τί δήποτε μάλιστα τὴν τραγῳδίαν καὶ τὴν κωμικὴν οὐ παραδέχεται, καὶ ταῦτα συντελοῦσαν[1] πρὸς ἀφοσίωσιν τῶν παθῶν, ἃ μήτε παντάπασιν ἀποκλίνειν δυνατὸν μήτε ἐμπιπλάναι πάλιν ἀσφαλές, δεόμενα δέ τινος ἐν καιρῷ κινήσεως, ἣν ἐν ταῖς τούτων ἀκροάσεσιν ἐκπληρουμένην ἀνενοχλήτους ἡμᾶς ἀπ' αὐτῶν ἐν τῷ λοιπῷ χρόνῳ ποιεῖν.

Puis :

Τὸ δὲ δεύτερον (πρόβλημα) τοῦτο δ'[2] ἦν, τὸ τὴν τραγῳδίαν ἐκβάλλεσθαι καὶ κωμῳδίαν ἀτόπως, εἴπερ διὰ τούτων δυνατὸν ἐμμέτρως ἀποπιμπλάναι τὰ πάθη καὶ ἀποπλήσαντα[3] ἐνεργὰ πρὸς τὴν παιδείαν ἔχειν, τὸ πεπονηκὸς αὐτῶν θεραπεύσαντες[4]. Τοῦτο δ' οὖν πολλὴν καὶ τῷ Ἀριστοτέλει παρασχὸν αἰτιάσεως ἀφορμὴν καὶ τοῖς ὑπὲρ τῶν ποιήσεων τούτων ἀγωνισταῖς τῶν πρὸς Πλάτωνα λόγων οὑτωσί πως ἡμεῖς ἑπόμενοι τοῖς ἔμπροσθεν διαλύσομεν.

Δῆλον οὖν ὅτι καὶ τὴν τραγῳδίαν καὶ τὴν κωμῳδίαν παντοίων οὔσας μιμητικὰς ἠθῶν καὶ μεθ' ἡδονῶν προσπιπτούσας τοῖς ἀκούουσιν διευλαβησόμεθα, μὴ τὸ ἐπαγωγὸν αὐτῶν εἰς συμπάθειαν τὸ ἀγώγιμον ἑλκύσαν τὴν τῶν παι-

1. Συντελούσας? Bernays.
2. Δὴ? Bernays.
3. Ἀποπλήσαντας. Bernays.
4. Θεραπεύσαντας. Bernays.

δων ζωὴν ἀναπλήσῃ τῶν ἐκ τῆς μιμήσεως κακῶν, καὶ ἀντὶ τῆς πρὸς τὰ πάθη μετρίας ἀφοσιώσεως ἕξιν πονηρὰν ἐντήκωσι ταῖς ψυχαῖς καὶ δυσέκπιπτον[1], τὸ ἓν καὶ τὸ ἁπλοῦν ἀφανίσασαν, τὰ δ' ἐναντία τούτων ἐκμαξαμένην ἀπὸ τῆς πρὸς τὰ παντοῖα μιμήματα φιλίας· ἐπεὶ καὶ διαφερόντως αἱ ποιήσεις αὗται πρὸς ἐκεῖνο τῆς ψυχῆς ἀποτείνονται τὸ μάλιστα τοῖς πάθεσι ἐκκείμενον, ἡ μὲν τὸ φιλήδονον ἐρεθίζουσα καὶ εἰς τελετὰς[2] ἀτόπους ἐξάγουσα, ἡ δὲ τὸ φιλόλυπον παιδοτριβοῦσα καὶ εἰς θρήνους ἀγεννεῖς καθέλκουσα, ἑκατέρα δὲ τρέφουσα τὸ παθητικὸν ἡμῶν, καὶ ὅσῳ ἂν μᾶλλον τὸ ἑαυτῆς ἔργον ἀπεργάζηται, τοσούτῳ μᾶλλον. Δεῖ[3] μὲν οὖν τὸν πολιτικὸν διαμηχανᾶσθαί τινας τῶν παθῶν τούτων ἀπεράνσεις καὶ ἡμεῖς φήσομεν, ἀλλ'[4] ὥστε τὰς περὶ αὐτὰ προσπαθείας συντείνειν, τοὐναντίον μὲν οὖν ὥστε χαλινοῦν καὶ τὰς κινήσεις αὐτῶν ἐμμελῶς ἀναστέλλειν, ἐκείνας δὲ ἄρα τὰς ποιήσεις πρὸς τῆς ποικιλίας[5] καὶ τὸ ἄμετρον ἐχούσας ἐν ταῖς τῶν παθῶν τούτων προκλήσεσι πολλοῦ δεῖν εἰς ἀφοσίωσιν εἶναι χρησίμους· αἱ γὰρ ἀφοσιώσεις οὐκ ἐν ὑπερβολαῖς εἰσιν, ἀλλ' ἐν συνεσταλμέναις ἐνεργείαις, σμικρὰν ὁμοιότητα πρὸς ἐκεῖνα ἔχουσαι ὧν εἰσιν ἀφοσιώσεις.

1. Δυσέκνιπτον. Bernays. Comp. Platon, *Rép.* II, p. 378 d.
2. Γέλωτας. Bernays.
3. Δεῖν. Bernays.
4. Bernays insère ici οὐχ.
5. Τῇ ποικιλίᾳ. Bernays.

COMMENTAIRE

SUR LA POÉTIQUE D'ARISTOTE.

CHAPITRE I.

Remarquez combien ces premières lignes rattachent naturellement la Poétique à la Rhétorique ; elles ont d'ailleurs beaucoup d'analogie avec les préambules d'autres ouvrages d'Aristote, par exemple avec ceux des Météorologiques et des petits traités qui suivent le Traité de l'âme.

Presque tous les genres de musique qui emploient la flûte.] Τῆς αὐλητικῆς ἡ πλείστη s'explique très-bien par un passage d'Athénée, XIV, p. 618, où sont énumérées quatorze αὐλήσεις qui toutes accompagnent une danse mimique.

Trois différences.] Le Tasse part de ces trois différences marquées par Aristote, lorsque, dans son deuxième Discours sur l'Art poétique, il s'efforce de montrer, contre l'opinion de quelques critiques ses contemporains, que le roman en vers appartient au même genre de poésie que l'épopée, et que par conséquent il doit se conformer aux mêmes lois, entre autres à la loi de l'unité.

Avec la voix.] Διὰ τῆς φωνῆς, leçon des manuscrits, que j'ai cru devoir conserver ; elle offre un sens raisonnable dès qu'on traduit σχήματα par *les gestes.* Cf. Morale Nicom. III, 13 : Οἱ χαίροντες τοῖς διὰ τῆς ὄψεως, οἷον χρώμασι καὶ σχήμασι καὶ γραφῇ ; Rhétorique, II, 8 : σχήμασι καὶ φωναῖς καὶ ἐσθῆτι. — En lisant δι' ἀμφοῖν au lieu de διὰ τῆς φωνῆς, comme ont fait la plupart des éditeurs, et en traduisant σχήματα par *le trait*, on obtient une symétrie plus satisfaisante entre les deux termes de la comparaison marquée par les mots ὥσπερ — οὕτω. Peut-être aussi les mots ἕτεροι δὲ διὰ τῆς φωνῆς sont-ils une annotation marginale qui aura passé dans le texte.

L'épopée n'emploie que la prose ou les vers.] Sur λόγοις ψιλοῖς, voy. plus bas, p. 71. « Aristote, dont les jugements sont des lois, dit positivement que l'épopée peut être écrite *en prose ou en vers*: et ce qu'il y a de remarquable, c'est qu'il donne au vers homérique ou vers simple un nom qui le rapproche de la prose, ψιλομετρία, comme il dit de la prose poétique, ψιλοὶ λόγοι. » (Chateaubriand, Préface des Martyrs.) Le rapprochement n'est qu'ingénieux; le grand écrivain n'a pas vu que ψιλός, dans ψιλομετρία, au chap. II, indique seulement l'absence de tout accompagnement musical. Chateaubriand cite ensuite un témoignage de Denys d'Halicarnasse, qui ne prouve rien pour sa thèse; il eût pu tirer de la Poétique (chap. IX, etc.) d'autres observations plus décisives contre l'opinion de ceux qui veulent que la poésie ne parle qu'en vers. — Ce qui est remarquable ici, c'est qu'Aristote semble ne pas savoir que les poëmes d'Homère aient jamais été chantés. Homère, cependant, ne connaît pas d'autres poëtes que les *aèdes* ou chanteurs; les *rhapsodes* étaient aussi des chanteurs; or il y avait encore des rhapsodes, et du temps d'Aristote, et longtemps après lui.

Xénarque.] Il y a eu un poëte de la moyenne comédie qui portait ce nom et qu'il ne faut sans doute pas confondre avec Xénarque, fils de Sophron; ce dernier semble indiqué par Suidas, à l'article Σωτάδης, comme ayant écrit des Ἰωνικοὶ λόγοι. Si ce rapprochement est juste, dès le fils de Sophron la comédie syracusaine aurait admis l'usage du dialecte attique. Ce qui est certain, c'est que Sopatros, poëte comique syracusain, que l'on place après Rhinton, nous est connu par un assez long fragment en dialecte attique. — Le Lexique de Photius, au mot Ῥηγίνους dit, en propres termes, que Xénarque, « fils de Sophron le mimographe, » avait joué les Rhéginiens pour leur lâcheté.

Les dialogues Socratiques.] Athénée, XI, p. 505, cite un

passage du traité d'Aristote Sur les Poëtes, où l'auteur faisait à peu près la même observation.

Homère et Empédocle.] Plutarque, De la Manière d'entendre les poëtes, chap. ɪɪ : « Nous ne connaissons pas une fable sans poésie et sans fiction. Les vers d'Empédocle et de Parménide, les Thériaques de Nicandre et les Sentences de Théognis sont des discours qui empruntent seulement à la poésie le ton sublime et le mètre, et, en quelque sorte, son char pour ne pas marcher à pied. »

En composant une imitation.] Je suis la leçon des manuscrits. Πρεῖοιτο est une conjecture ingénieuse, mais inutile, de Hermann. Pour Aristote, l'essence de la poésie n'est pas seulement dans l'imitation, mais dans *l'imitation du général;* on peut donc composer une imitation en vers qui ne soit pas de la poésie.

On ne l'appellera pas pour cela un poëte.] Οὐκ ἤδη manque dans plusieurs manuscrits. La leçon οὐχ ἧττον est encore moins autorisée ; Batteux, qui l'admet, traduit : « Mériterait-il moins le nom de poëte ? » Cela me semble bien contraire à la pensée d'Aristote. Si, selon notre philosophe, on n'est pas poëte parce qu'on emploie le vers héroïque ou le distique élégiaque, comment peut-il dire qu'on sera poëte pour avoir amalgamé plusieurs espèces de mètres ?

CHAPITRE II.

Il faut bien les représenter.] Les deux mots ἀνάγκη μιμεῖσθαι, que je suppose dans ma traduction, manquent dans les manuscrits. Aristote offre souvent de pareilles ellipses.

Polygnote, Pauson, Denys.] Ce sont trois artistes du siècle de Périclès sur lesquels on peut consulter Sillig, Catalogus artificum.

Soit en vers sans musique.] Le grec dit : ψιλομετρίαν, mot qui montre bien que l'adjectif ψιλός marque, d'une manière très-générale, la privation d'une qualité accessoire. Joint à λόγος, il est naturel qu'il désigne *la prose,* comme dans la Rhétorique, III, 2, ou λόγος tout seul est aussi opposé, dans le sens de *prose*, à μέτρον. Cf. les nombreux exemples recueillis par Vincent, p. 112 et suiv. de sa Notice sur diverses manuscrits grecs relatifs à la musique (Notices et extraits des manuscrits de la bibliothèque du roi, t. XVI, 1847).

Homère peint les hommes meilleurs.] Ici, comme plus haut, l'adjectif βελτίων manque d'équivalent exact en français. On sent bien qu'il ne s'agit pas de la vertu morale, de l'honnêteté. Les exemples cités plus haut par Aristote expliquent assez bien sa pensée.

Cléophon.] Voyez sur ce poëte : Wagner, recueil des Fragments des poëtes Tragiques, dans la Bibliothèque Firmin Didot, p. 99.

Hégémon de Thasos.] Voyez sur ce poëte et sur le genre de poésie dont Aristote veut qu'il ait été l'inventeur, la dissertation de Weland, De præcipuis Parodiarum homericarum scriptoribus, chap. v; l'auteur montre qu'avant Hégémon, Hipponax, Xénophane et l'auteur de la Batrachomyomachie, sans parler des poëtes comiques, avaient écrit des parodies. Peut-être Aristote veut-il dire que le poëte de Thasos fit, le premier, représenter des parodies homériques en forme de drame.

La Déliade.] Ce poëme de Nicocharès n'est connu par aucun autre témoignage; peut-être même faut-il lire dans le texte Δειλιάδα au lieu de Δηλιάδα; ce serait alors quelque poëme plaisant sur la Lâcheté. Cf. Meineke, Historia critica comicorum græcorum, p. 253-256.

Le nome.] Sur ce genre de poésie, voyez p. 66, parmi les extraits des Problèmes, et notre Commentaire, p. 139.

Il en est de même, etc.] Aristote semble vouloir dire que Timothée dans ses Perses et Philoxène dans ses Cyclopes ont représenté des personnages moins beaux que nature; on peut supposer aussi que le premier faisait ses personnages plus beaux que nature, et le second moins beaux. Ce qui est certain, c'est qu'il existait un drame de l'Ancienne Comédie intitulé Πέρσαι, et que l'on attribuait vulgairement à Phérécrate (voyez Meineke, livre cité, p. 70); d'où l'on peut conclure que ce sujet avait été traité dans le genre comique. On a des fragments du Cyclope de Philoxène, du Cyclope et des Perses de Timothée. Au reste, le mot Πέρσας, dans le texte grec, est douteux. Tyrwhitt a tiré des variantes des manuscrits la conjecture ὥσπερ Ἀργᾶς, adoptée par Hermann. (Argas, poëte obscur, dont le souvenir est conservé dans Athénée et dans une ancienne vie de Démosthène.)

CHAPITRE III.

Le poëte peut, etc.] Ces divisions de la poésie, qui remontent jusqu'à Platon, se retrouvent, après Aristote, dans les extraits de la Chrestomathie de Proclus (Photius, Cod. 239) et dans un grammairien publié par Cramer, Anecdota Oxon., t. IV, p. 312, 313. Comparez notre Histoire de la Critique chez les Grecs, p. 93.

Les Mégariens, etc.] On sait qu'il y avait aussi une ville de Mégare en Sicile. Voyez M. Brunet de Presle, Recherches sur les établissements des Grecs en Sicile (Paris, 1845), p. 79, 80.

Chionidès.] Les manuscrits portent Χονύδου, ou Χωνύδου, ou Χωνίδου. Je n'ai pu me résigner à admettre cette altération barbare d'un nom qui est bien connu par d'autres témoignages. Voyez Meineke, Hist. crit. com. græc., p. 27 et suiv.

Commenter en détail les assertions contenues dans ce chapitre ne serait rien moins qu'écrire une histoire des origines du drame en Grèce. Sur ce point, nous ne pouvons que renvoyer aux traités spéciaux : Schneider, De Originibus tragœdiæ græcæ (Breslau, 1817); Grysar, De Doriensium Comœdia (Cologne, 1828); Meineke, livre cité; Bœttiger, De quatuor Ætatibus rei scenicæ (p. 326 de ses Opuscules latins); Magnin, Origines du théâtre moderne; Bode, Histoire de la poésie grecque, tome III (Leipzig, 1839-1840); Patin, Études sur les Tragiques grecs, tome I.

Par πράττειν] Il est probable qu'ici le texte est mutilé. Il y manque sans doute ce qui devait concerner la tragédie. On peut, jusqu'à un certain point, combler cette lacune par un article du Grand Étymologique, où le mot *tragédie* est expliqué, soit par le mot τράγος, *bouc*, un bouc étant le prix que recevaient les vainqueurs dans les anciens concours Dionysiaques, soit par le mot τρύξ, *lie de vin*, ces fêtes étant d'ordinaire célébrées au temps et à l'occasion des vendanges. Comparez avec ce passage une addition à la Vie d'Euripide, publiée par Welcker dans le Rheinisches Museum, i, p. 299 ; Athénée, II, p. 40 ; Eustathe, sur l'Odyssée, XIV, 563 ; le scholiaste de Denys le Thrace, p. 747 des Anecdota græca de Bekker. Schœll (Hist. de la Litt. gr., t. II, p. 4), et, d'après lui, plusieurs autres ont cru voir dans l'article du Grand Étymologique un témoignage d'Aristote : rien n'est moins démontré.

CHAPITRE IV.

L'homme imite par instinct.] Aristote a consigné la même observation dans les Problèmes, XXX, 6. Cf Problèmes, XVIII, 3 ; XIX, 5, page 65 de cette édition, et la note, p. 138 ; Rhétorique, I, 11 ; III, 10 ; Métaph., I, 1 ; Anal., post., I, 1.

Des objets que, etc.] Observations analogues dans Aristote, Des Parties des Animaux, I, 5, où cette pensée se rattache aux plus belles considérations sur l'étude de la nature. Cf. Plutarque, De la Manière d'entendre les poëtes, ch. III, et Questions symposiaques, V, 1.

Qu'à un faible degré.] Ἐπὶ βραχὺ κοινωνοῦσιν. Expression tout aristotélique. Cf. Politique, VIII, 5 ; De l'Ame, II, 4 ; Morale Nicom., III, 13 ; VI, 2 ; Problèmes, XXX, 10 ; Hist. des Animaux, VIII, 1.

Qu'on n'ait point vu.] Comparez la Rhétorique, II, 23 fin.

Quant au mètre.] Même observation dans la Rhétorique, III, 8. Comparez, sur la différence du mètre et du rhythme, Vincent, Notice, etc., p. 197-216.

Le Margitès.] Des auteurs anciens ont déjà douté si ce poëme était réellement d'Homère. Suidas, au mot Πίγρης, atteste qu'on l'attribuait, ainsi que la Batrachomyomachie, à

Pigrès d'Halicarnasse. Comparez Harpocration au mot Μαρ-γίτης, et le scholiaste d'Aristophane, sur les Oiseaux, v. 914. Cependant Aristote le cite encore, sans exprimer le moindre doute, dans la Morale Nicom., VI, 7.

Genre... iambique.] Voyez sur ce sujet les auteurs cités à propos du chap. III, et, en outre, Liebel, Archilochi iambographorum principis reliquiæ (Vienne, 1818), et les commentateurs d'Horace, sur l'Épître Iʳᵉ du livre II, v. 145 et suiv.

Et, dans ce genre, il est le seul.] Je n'ose pas croire ici que ma traduction donne le seul sens convenable. Οὐχ ὅτι répond ordinairement à ἀλλὰ καί, non à ἀλλ' ὅτι καί. Voir la Grammaire grecque de Kühner, § 730 (2ᵉ éd. § 525), et les Idiotismes de Viger, p. 788, 4ᵉ éd. de Hermann.

Maintenant la tragédie, etc.] Ce passage a beaucoup tourmenté les interprètes. M. Forchhammer, dans un Programme de l'Univ. de Kiel, juillet 1854, propose de revenir pour cette phrase à l'autorité des mss., et de lire : Τὸ μὲν οὖν ἐπισκοπεῖν παρέχει ἤδη ἡ τραγῳδία, τοῖς εἰδόσι ἱκανῶς ἢ οὐ αὐτό τε καθ' αὐτὸ κρῖναι καὶ πρὸς τὰ θέατρα, ἄλλος λόγος, ce qu'il traduit par : « Spectandi quidem facultatem jam præbet tragœdia, utrum iis qui satis sciant nec ne ipsum per se respectuque theatri judicare, nihil attinet. » Nous traduisons simplement le texte des mss. peu modifié, sans affirmer qu'il ait précisément le sens profond que lui prête De Raumer dans son Mémoire sur la Poétique d'Aristote (Berlin, 1829). Voyez l'Essai sur la Critique, p. 177. — « Aristote ne juge point à propos d'entrer dans cette question, que peut-être il traitait dans ce que nous avons perdu. Au reste, cette réserve à prononcer marque un esprit très-sage, qui ne veut poser ni les bornes de l'art ni celles du génie. » (La Harpe, Analyse de la Poétique d'Aristote.) Eût-il toutefois adopté ce jugement de Saint-Évremond? « Il faut convenir que la Poétique d'Aristote est un excellent ouvrage ; cependant il n'y a rien d'assez parfait pour régler toutes les nations et tous les siècles. Descartes et Gassendi ont découvert des vérités qu'Aristote ne connaissait pas. Corneille a trouvé des beautés pour le théâtre qui ne lui étaient pas connues. Nos philosophes ont remarqué des erreurs dans sa Physique. Nos poëtes ont vu des défauts dans sa Poétique, pour le moins à notre égard, toutes choses étant aussi changées qu'elles le sont. » (Saint-Évremond, De la Tragédie ancienne et moderne.)

Les chanteurs de dithyrambes.] Sur l'origine et la valeur primitive de ce mot, on peut consulter un savant mémoire de Welcker, dans les Annales de l'Institut archéologique, 1829, p. 398, 401 et suiv. Le mot ἐξάρχειν se trouve en ce sens dans un fragment dithyrambique d'Archiloque, n° 39, éd. Liebel (Athénée, XIV, p. 628). — Sur les chants phalliques, voyez, entre autres, Athénée, XIV, p. 622; le schol. d'Aristophane, sur les Acharniens, v. 261 et 263 sq.

Aidant à ses progrès naturels.] Dacier : « chacun ajoutant quelque chose à leur beauté, à mesure qu'on découvrait ce qui convenait à leur caractère. » Batteux donne à peu près le même sens. J'ai cru me rapprocher davantage de la pensée d'Aristote en serrant son texte de plus près. Les mots ηὐξήθη et προαγόντων rappellent cette phrase, analogue pour le sens, du dernier chapitre des Réfutations sophistiques, où Aristote revendique si noblement l'honneur d'avoir presque fondé la Logique : Οἱ μὲν γὰρ τὰς ἀρχὰς εὑρόντες παντελῶς ἐπὶ μικρόν τι προήγαγον· οἱ δὲ νῦν εὐδοκιμοῦντες, παραλαβόντες παρὰ πολλῶν οἷον ἐκ διαδοχῆς τῶν κατὰ μέρος προαγαγόντων, οὕτως ηὐξήκασι.

Ce fut Eschyle qui, le premier, etc.] Diogène Laërce, III, 56, rapporte en effet que le chœur figura d'abord seul dans les Dionysiaques, que Thespis y ajouta un *acteur*; puis Eschyle un second (ce qui permit d'appeler *protagoniste* le premier ou le principal des deux) ; puis Sophocle un troisième. Cf. Suidas, au mot Σοφοκλῆς. On peut voir encore la dissertation de Hermann sur les Euménides (volume II de ses Opuscules), et celle de Sommerbrodt, De Æschyli re scenica (Lignitz, 1848).

Décora la scène de peintures.] Vitruve, De Architectura, VII, Præf. Cf. Letronne, xviiie Lettre d'un Antiquaire à un Artiste (Paris, 1835).

Au genre satyrique.] Voyez sur ce sujet le mémoire que

j'ai publié, à propos de l'Alceste d'Euripide, dans l'Annuaire
de l'Association des études grecques (1873).

A lá grandeur et à la noblesse.] Dacier : « Enfin elle ne
reçut que fort tard la grandeur et la gravité qui luy sont
convenables, car elle ne se deffit qu'avec peine de ses petits
sujets et de son style burlesque, qu'elle avoit retenu de ces
pièces satyriques, d'où elle sortoit. » Batteux : « On donna
aux fables plus de grandeur, et au style plus d'élévation. Ce
qui toutefois se fit assez tard ; car l'un et l'autre se ressen-
tirent assez longtemps des farces satyriques dont la tragédie
tirait une partie de son origine. » M. Tycho Mommsen
(Journal Philologique publié par MM. Bergk et Cæsar,
Cassel, 1845, n. 16 du Supplément), s'appuyant sur le sens
du mot μέγεθος aux chap. VII et XVIII de la Poétique, propose
de mettre ici un point après μύθων et il traduit, en consé-
quence : « Tres histriones et scenæ picturam invenit So-
phocles : ad hoc justum ambitum ex parvis fabularum
argumentis oriendum fecit. Etiam a dictione ridicula sero
liberata (tragœdia) magnificentior evasit. » Même après
avoir lu les raisonnements dont il appuie cette conjecture, il
faut beaucoup de complaisance pour reconnaître avec lui
dans le texte d'Aristote une allusion aux trilogies tragiques
d'Eschyle, et une confirmation du témoignage de Suidas
au mot Σοφοκλῆς. Si on traduit μέγεθος par *longueur*, ce texte
peut néanmoins se passer de correction ; mais de toute façon
ne faut-il pas renoncer à lui donner un sens historique trop
précis ? Quant au fait même des trilogies et des tétralogies
sur un seul mythe, qu'on s'étonne de voir négligé par
Aristote dans sa Poétique, il est confirmé par une didascalie
des Sept devant Thèbes d'Eschyle, publiée par J. Franz,
dans un programme de l'Université de Berlin (1848) :
Ἐδιδάχθη ἐπὶ Θεαγενίδου, ὀλυμπιάδι οη'. Ἐνίκα (s.-ent. Eschyle) Λαΐῳ, Οἰδίποδι, Ἑπτὰ ἐπὶ Θήβαις, Σφιγγὶ σατυρικῇ.
Δεύτερος Ἀριστίας Περσεῖ, Ταντάλῳ, Παλαισταῖς σατυρικοῖς
τοῖς Πρατίνου πατρός. Τρίτος Πολυφράδμων Λυκουργίᾳ τετρα-
λογίᾳ. La trilogie tragique d'Eschyle était donc composée
précisément comme le conjecturait, en 1819, G. Hermann
(Opuscules, t. II, p. 314). Sur le mot τετραλογία, voyez le schol.

d'Aristophane, sur les Oiseaux, v. 282, où il se réfère aux Didascalies d'Aristote ; sur les Fêtes de Cérès, v. 135; sur les Grenouilles, v. 1124.

On en fait beaucoup, etc.] Cf. Rhétorique, III, 1 et 8. J'ai réuni quelques exemples de ces vers mêlés, sans le savoir, à la prose, dans les notes de mon édition de Longin (1837), p. 143. On pourra consulter, en outre, la première note de Stiévenart sur Démosthène, Contre Néæra, et surtout J. Foster, An Essay on the different nature of Accent and Quantity, 3° édit. (Londres, 1820), p. 86, 87, qui a recueilli des hexamètres même dans le Nouveau Testament.

Du ton familier.] Ἁρμονίας dit le grec. On lirait plus volontiers ἑρμηνείας. Voyez Démétrius, sur le Style, § 1.

Épisodes.] Voyez plus loin, p. 100, sur le chap. XII.

CHAPITRE V.

Il est évident que ce chapitre ne contient plus aujourd'hui les développements qu'Aristote avait écrits sur le ridicule. Voyez la Rhétorique, I, 11, fin; III, 18.

Ni douloureuse, ni destructive.] Ἀνώδυνον καὶ οὐ φθαρτικόν, expressions tout aristotéliques, qu'on retrouve avec de légères variantes : Rhétorique, III, 5, 8, 11; Morale Nicom., VI, 5; Morale Eudém., II, 1; Analytiques post., II, 9; Topiques, VIII, 8. — Aristote, à proprement dire, ne définit pas ici la comédie. Un grammairien publié par Cramer (Anecdota Paris., I, p. 403) nous en donne la définition suivante, évidemment calquée sur celle de la tragédie qu'on lira plus bas au chap. VI : Κωμῳδία ἐστὶ μίμησις πράξεως γελοίου καὶ ἀμοίρου (lisez γελοίας καὶ ἀνωδύνου ?), μεγέθους τελείου, χωρὶς ἑκάστου τῶν μορίων ἐν τοῖς εἴδεσι, δρῶντος (lisez δρώντων) καὶ [οὐ] δι' ἀπαγγελίας, δι' ἡδονῆς καὶ γέλωτος περαίνουσα τὴν τῶν τοιούτων παθημάτων κάθαρσιν· ἔχει δὲ μητέρα τὸν γέλωτα· γίνεται δ' ὁ γέλως ἀπὸ, etc. Suit une énumération des sources du ridicule qui pourrait bien provenir également, plus ou moins directement, de quelque livre

d'Aristote. L'auteur avait aussi sous les yeux le vı^e chapitre
de la Poétique quand il écrivait ces lignes sur la tragédie :
Ἡ τραγῳδία ὑφαιρεῖ τὰ φοβερὰ παθήματα τῆς ψυχῆς δι' οἴκτου
καὶ ὅτι (?) συμμετρίαν θέλει ἔχειν τοῦ φόβου· ἔχει δὲ μητέρα
τὴν λύπην.

Cicéron, De l'Orateur II, 58 : « Quid sit ipse risus, etc.,
viderit Democritus.... Locus autem et regio quasi ridiculi
turpitudine et deformitate quadam continetur. Hæc enim
ridentur vel sola vel maxime, quæ notant et designant tur-
pitudinem aliquam non turpiter. » — Sur le ridicule dans
l'art, voir d'ingénieuses considérations dans le Laocoon,
de Lessing, § 23. — M. V. Hugo, dans un manifeste célèbre (Préface de Cromwell), a dit en parlant du *grotesque :* « Voilà un principe étranger à l'antiquité, un
type nouveau introduit dans la poésie ; et, comme une condition de plus dans l'être modifie l'être tout entier, voilà
une forme nouvelle qui se développe dans l'art. Ce type,
c'est le grotesque ; cette forme, c'est la comédie. » Et plus
bas : « La comédie passe *presque inaperçue* dans le grand
ensemble épique de l'antiquité. A côté des chars olympi-
ques, qu'est-ce que la charrette de Thespis ? Près des co-
losses homériques, Eschyle, Sophocle, Euripide, que sont
Aristophane et Plaute ? Homère les emporte avec lui, comme
Hercule emportait les pygmées cachés dans sa peau de lion. »
Plus de cent poëtes comiques, parmi lesquels Aristophane,
Antiphane, Alexis, Ménandre, Philémon ; plusieurs milliers
de comédies, parmi lesquelles tant de chefs-d'œuvre ; enfin,
la définition si nette et si précise d'Aristote suffisent bien
pour faire *apercevoir* dans l'antiquité cet élément du comique dont M. V. Hugo fait honneur au moyen âge et aux
temps modernes !

« Aristote définit simplement la comédie une imitation
de personnes basses et fourbes. Je ne puis m'empêcher de
dire que cette définition ne me satisfait pas. » (Corneille,
Premier discours.) — « Corneille a bien raison de ne pas ap-
prouver la définition d'Aristote et probablement l'auteur du
Misanthrope ne l'approuva pas davantage. Apparemment
Aristote était séduit par la réputation qu'avait usurpée ce

bouffon d'Aristophane, bas et fourbe lui-même, et qui avait toujours peint ses semblables. Aristote prend ici la partie pour le tout, et l'accessoire pour le principal. Les principaux personnages de Ménandre, et de Térence son imitateur, sont honnêtes. Il est permis de mettre des coquins sur la scène, mais il est beau d'y mettre des gens de bien. » (Voltaire.) Ni Corneille ni Voltaire n'ont mis une bonne définition à la place de celle qui les satisfait si peu. — « La comédie est l'imitation des mœurs, mise en action : imitation des mœurs, en quoi elle diffère de la tragédie et du poëme héroïque ; imitation en action, en quoi elle diffère du poëme didactique moral et du simple dialogue. » (Marmontel, Éléments de littérature, au mot *Comédie*.) Voilà qui s'éloigne bien d'Aristote ; l'auteur s'en rapproche lorsqu'il veut justifier sa définition en la développant : « La malice naturelle aux hommes est le principe de la comédie. Nous voyons les défauts de nos semblables avec une complaisance mêlée de mépris, lorsque ces défauts ne sont ni assez affligeants pour exciter la compassion, ni assez révoltants pour donner de la haine, ni assez dangereux pour inspirer de l'effroi. Ces images nous font sourire si elles sont peintes avec finesse ; elles nous font rire, si les traits de cette maligne joie, aussi frappants qu'inattendus, sont aiguisés par la surprise. De cette disposition à saisir le ridicule la comédie tire sa force et ses moyens. » C'est vraiment commenter notre philosophe.

Ne dépendaient que d'eux-mêmes.] Eustathe, sur l'Iliade, X, 230, d'après l'autorité du second Denys d'Halicarnasse, dit que ce mot ἐθελοντής s'appliquait aux poëtes qui, n'ayant pas *reçu un chœur* de l'archonte, pourvoyaient d'eux-mêmes à la représentation de leurs pièces.

Le prologue.] Il est, je l'avoue, difficile d'imaginer ce que peut être cette invention des prologues, ce mot n'ayant pas d'autre sens dans Aristote que le sens défini au chapitre XII de la Poétique ; mais est-ce une raison suffisante pour changer dans le texte προλόγους en λόγους contre l'autorité des manuscrits ? D'ailleurs, Hermann, auteur de cette conjecture, et Ritter, qui l'adopte, ne remarquent pas que de la leçon λόγους il résulte une sorte de contradiction avec ce qui sera dit plus loin sur Cratès. Comparez, plus bas, le commentaire sur le chapitre XII.

Épicharme.] « Le premier, dit un grammairien anonyme qui semble puiser à une bonne source, Épicharme s'appropria, par de nombreuses innovations dans la pratique de l'art, la comédie auparavant dispersée » (c'est-à-dire dont on ne trouvait que des éléments épars sur divers points de la Grèce) ; « sa poésie était surtout riche en inventions, sentencieuse et travaillée. » Voyez Meineke, Hist. crit., p. 535. — Quant à Phormis, on ne lui attribue guère que des innovations relatives à la mise en scène. Voyez Grysar, De Doriensium Comœdia, p. 74.

Une révolution du soleil.] « De l'aveu des Grecs l'action théâtrale pouvait comprendre une *demi*-révolution du soleil, c'est-à-dire un jour. Nous avons accordé les vingt-quatre heures, etc. » (Marmontel, au mot *Unité*.) Dans quel auteur grec notre critique a-t-il lu cette règle sur la durée de l'action théâtrale? Le précepte d'Aristote est loin d'avoir cette précision. Mais comme il a servi de texte à une foule de discussions qui n'ont pas été sans influence sur l'art dramatique, particulièrement en France, on lira peut-être avec intérêt quelques extraits des controverses qui s'y rapportent:

« Il suffit, dit Lopez de Véga, de s'attacher à l'unité d'action et d'éviter l'épisode, en sorte qu'il n'y ait rien d'étranger et qui nous tire du sujet principal; c'est-à-dire qu'on n'en puisse détacher aucune partie, sans que la pièce tombe en ruine. Il ne faut pas s'embarrasser de la règle des vingt-quatre heures, ni déférer sur cela au sentiment d'Aristote. Nous lui avons déjà perdu le respect en mêlant les grands sentiments du tragique aux bas sentiments de la comédie. Il n'y a qu'à faire passer l'action dans le moins de temps qu'on pourra; à moins que le poëte n'eût voulu traiter une histoire qui durât quelques années. En ce cas, il n'aura qu'à les faire couler dans l'intervalle des actes. Il pourra aussi, s'il y est forcé, faire faire tel chemin qu'il lui plaira à ses personnages. Cela est assez choquant, je l'avoue; mais ceux qui le trouvent mauvais, n'ont qu'à n'y pas aller voir.

O combien de gens tombent des nues, quand ils voient employer des années à ce qui doit avoir pour bornes l'espace d'un jour artificiel; car on ne veut pas même se relâcher sur cela à un jour mathématique. Et à considérer qu'un Espagnol, assis fort à son aise, se met à tempester dès que la comédie dure plus de deux heures, quand il s'agirait même de représenter ce qui s'est passé depuis la Genèse jusqu'au jugement final, je trouve que si c'est un moyen de lui plaire, il est juste de s'y tenir. » (Lopez de Véga, Arte nuova de hacer comedias en este tiempo, publié à Madrid en 1621, et traduit un peu librement en français dans le recueil intitulé : Pièces fugitives d'histoire et de littérature, Paris, 1704, p. 256.)— Nos critiques français sont bien autrement scrupuleux sur la question des unités, et il est curieux de voir comment la rigueur des préceptes d'Aristote va peu à peu s'exagérant dans l'esprit de ses imitateurs. Vauquelin de la Fresnaye écrit, à la fin du xvi⁰ siècle (Poétique, livre II, p. 50, éd. 1612) :

Or comme eux l'héroïc, suivant le droit sentier,
Doit son œuvre comprendre *au cours d'un an entier;*
Le tragic, le comic, dedans une journée
Comprend ce que fait l'autre au cours de son année.
Le théâtre *jamais ne doit* être rempli
D'un argument plus long que d'un jour accompli,
Et *doit* une Iliade, en sa haute entreprise,
Être au cercle d'un jour ou guère plus comprise.

Cependant Pierre Delaudun, dans sa Poétique, publiée en 1597, argumente formellement contre la règle des vingt-quatre heures (livre V, chap. 9). La Mesnardière, Poétique (1640), chap. v, p. 48, permet d'outrepasser, pour la tragédie, les vingt-quatre heures, à condition toutefois que ce soit « pour attraper quelque incident qui mérite d'être acheté par une infraction si légère ». L'abbé d'Aubignac propose de traduire ἢ μικρὸν ἐξαλλάττειν par « ou de changer un peu ce temps » (du jour à la nuit ou de la nuit au jour), et il tient fort à sa nouvelle explication (Pratique du Théâtre, 1669, p. 111); un peu plus haut, il discute sérieusement s'il ne serait pas question dans Aristote d'un *jour polaire.* La traduction de ce passage par de Norville (1671) montre combien alors les esprits étaient prévenus sur ce sujet et disposés à interpréter Aristote dans le sens de leurs théories : « La tragédie commence et termine son action en un jour ou en une nuit autant que faire se peut : *et si le fort de l'action se passe dans l'un de ces temps elle anticipera bien peu sur l'autre.* » Après avoir observé que les trois grands tragiques de la Grèce se conforment à l'unité de temps, d'Aubignac ajoute : « .... Leur exemple fut négligé par la plupart des poëtes qui les suivirent de près, comme nous l'apprenons d'Aristote qui blâme plusieurs de son temps de ce qu'ils donnaient à leurs poëmes une trop longue durée, ce qui semble l'avoir obligé d'en écrire la règle ou plutôt de la renouveler sur le modèle de ces anciens. » (Pratique du Théâtre, II, 7.) C'est précisément le contraire qu'atteste notre philosophe. Je relève cette erreur de d'Aubignac, parce qu'elle fournit l'occasion de remarquer que la règle de l'unité de temps paraît avoir été le produit de réflexions tardives faites sur ce sujet par les poëtes et les critiques. En Grèce comme dans l'Occident moderne, la licence a précédé les règles.

Quant à l'unité de lieu, que nos vieux auteurs de Poétiques ont souvent déterminée d'une manière assez ridicule (la Mesnardière, p. 419; cf. Sainte-Beuve, Poésie française au XVIᵉ siècle, p. 328), d'Aubignac affirme que si les *demi-savants* doutent sur ce point, les savants n'hésitent pas; que si Aristote n'en a rien dit, c'est que la chose allait d'elle-même. Il fait pourtant, à cet égard, quelque pages plus haut, un aveu curieux à recueillir. « Mais une chose bien plus étrange et pourtant très-véritable, j'ai vu des gens qui travaillaient depuis longtemps au théâtre lire ou voir un poëme par plusieurs fois, sans reconnaître *ni la durée du temps ni le lieu de la scène,* ni la plupart des circonstances des actions les plus importantes, pour en découvrir la vraisemblance. » (Pratique du Théâtre, II, 2; cf. II, 6.) C'est apparemment que l'espèce de vraisemblance qu'on recherche par l'unité de lieu et par celle de temps est, en réalité, la plus indifférente pour l'esprit du spectateur. Corneille, qui s'est tant préoccupé de ces questions, est, au témoignage de d'Aubignac, le premier poëte français chez qui l'unité de lieu soit rigoureusement gardée. On ne peut voir sans quelque peine la torture qu'un si grand esprit s'impose pour satisfaire à cette règle chimérique (Troisième Discours sur le poëme dramatique). Mais les libres penseurs du XVIIIᵉ siècle n'osent pas davantage secouer ces scrupules. Marmontel écrit : « La même continuité d'action qui, chez les Grecs, liait les actes l'un à l'autre et qui forçait l'unité de temps, n'aurait pas dû permettre le changement de lieu; les Grecs ne laissaient pourtant pas de se donner quelquefois cette licence, comme on le voit dans les Euménides.» Et plus bas : « On n'a pas toujours ni partout reconnu comme indispensable la règle des unités : on sait que sur le théâtre anglais et sur le théâtre espagnol elle est violée en tout point et contre toute vraisemblance. Il en était de même sur notre théâtre avant Corneille; et non-seulement l'unité de lieu n'y était pas observée, mais elle y était interdite. Le public se plaisait aux changements de scène; il voulait qu'on le divertît par la variété des décorations, comme par la diversité des incidents et des aventures; et lorsque Mairet donna la Sophonisbe, il eut bien de la peine à obtenir des comédiens qu'il lui fût permis d'observer l'unité de lieu. » (Éléments de Littérature, au mot Unité.) Et Voltaire lui-même, que les nouveautés cependant n'effrayaient guère : « La scène du Cid est tantôt au palais du roi, tantôt dans la maison du comte de Gormas, tantôt dans la ville. L'unité de lieu serait observée aux yeux des spectateurs, si on avait eu des théâtres dignes de Corneille, semblables à celui de Vicence, qui représente une ville, un palais, des rues, une place, etc. Car cette unité ne consiste pas à représenter toute l'action dans un cabinet, dans une chambre, mais dans plusieurs endroits contigus que l'œil puisse apercevoir sans peine. » (Commentaire sur le Cid. Comparez sur Cinna, acte II, scène I.) Enfin l'élève de Voltaire, Frédéric le Grand, dans son ouvrage intitulé De la Littérature allemande (vol. III, p. 92 de ses Œuvres, Berlin, 1781) : « Vous entrez dans un de ces spectacles d'Allemagne, et vous assistez à la représentation d'une pièce de Shakespeare. Vous voyez là un public se pâmer d'aise en entendant une de ces farces ridicules et dignes des sauvages du Canada. Je les appelle ainsi, parce qu'elles pèchent contre toutes les règles du théâtre. Car ces règles ne sont pas arbitraires; vous les trouvez dans la Poétique d'Aristote, où l'unité de lieu, l'unité de temps et l'unité d'intérêt sont prescrites comme le seul moyen de rendre la tragédie intéressante : au lieu de ce que, dans ces pièces anglaises, la scène dure un espace de quelques années. »

M. Barthélemy Saint-Hilaire, préface de sa trad. de la Poétique (1858), p. xviii, rappelle avec raison une bonne dissertation d'Andrieux (Revue encyclopédique, t. XXI et XXII, réimprimée dans les Œuvres de cet auteur), où il démontre que d'Aubignac surtout est responsable de l'opinion erronée qui appuie sur l'autorité d'Aristote la théorie des trois unités.

Métastase, dans ses Extraits de la Poétique d'Aristote (Œuvres, 1782, t. XII, ch. 5) attaque les deux unités de temps et de lieu en s'appuyant sur des exemples du théâtre grec et du théâtre latin. Le célèbre Manzoni les combat non moins victorieusement par une savante analyse des conditions de l'action dramatique et de l'intérêt théâtral, dans son Dialogue et dans sa Lettre sur les unités de temps, de lieu, etc., que l'on trouve dans l'édition de ses tragédies (Paris, 1830, in-12), et dans la traduction qu'en a donnée Fauriel (Paris, 1834).

CHAPITRE VI.

La tragédie est, etc.] On a écrit des volumes à propos de cette définition. Voyez, entre autres, la Poétique de Scaliger, livre V, chap. 6; les auteurs analysés par Goujet, Bibliothèque française, tome III, p. 180-240; Batteux, Principes de la Littérature, Vᵉ traité; et l'article *Tragédie* dans les Éléments de Marmontel. — Τραγῳδία [ἐστὶ] βίων καὶ λόγων ἡρωϊκῶν μίμησις ἔχουσα σεμνότητα μετ' ἐπιπλοκῆς τινός, dit plus simplement le grammairien publié par Cramer, Anecdota Oxon., tome IV, p. 315. — Voici comment la définition d'Aristote est traduite en latin d'après l'arabe d'Averroès (voir Essai sur la Critique, p. 297 et suiv.) par Hermann l'Allemand (fol. 42, recto, éd. de Venise, 1481) : « Terminus substantialis sive intelligere faciens substantiam artis laudandi est quoniam ipsa est assimilatio et repræsentatio operationis voluntariæ virtuosæ completæ quæ habet potentiam universalem in rebus virtuosis non potentiam particularem in una quaque rerum virtuosarum. Repræsentatio, inquam, quæ generat in animabus passiones quasdam temperativas ipsarum ad miserandum aut timendum aut ad cæteras consimiles passiones quas inducit et promovet per hoc quod imaginari facit in virtuosis de honestate et munditia. » Plus bas, voici comment sont résumées les six parties constitutives de la tragédie : « Oportet ut tragœdiæ id est artis laudandi partes sex sint. Seu sermones fabulares repræsentativi et consuetudines et metrum seu pondus et credulitas et consideratio et tonus. » Dans ce latin, Aristote est absolument méconnaissable, et de tels textes ne méritent aujourd'hui d'être exhumés que comme un témoignage historique de l'altération de certaines doctrines grecques dans leur transmission en Occident par la science arabe. Au reste, on pardonnera au pauvre Hermann la barbarie inintelligible de son langage, si on en rapproche la traduction française des mêmes passages faite en 1671 par de Norville (p. 24, 25 et 28).

La Mesnardière, Poétique, chap. III : « Disons avec Aristote accommodé à nostre usage : La tragédie est la représentation sérieuse et magnifique de quelque action funeste, complète, de grande importance et de raisonnable grandeur; non pas par le simple discours, mais par l'imitation réelle des malheurs et des souffrances, qui produit par elle-même la terreur et la pitié, et qui sert à modérer ces deux mouvements de l'âme. » Racine est plus exact dans cette traduction, écrite à la marge d'un exemplaire de la Poétique : « La tragédie est donc l'imitation d'une action grave et complète, et qui a sa juste grandeur. Cette imitation se fait par un discours, un style composé pour le plaisir, de telle sorte que chacune des parties qui la composent subsiste et agisse séparément et distinctement. Elle ne se fait point par récit, mais par une représentation vive, qui, excitant la pitié et la terreur, purge et tempère ces sortes de passions, c'est-à-dire qu'en émouvant ces passions, elle leur ôte ce qu'elles ont d'excessif et de vicieux, et les ramène à un état modéré et conforme à la raison. » Racine lisait δρῶντος, et non δρώντων.

La Fontaine a inséré à la fin du premier livre de sa Psyché une comparaison de la comédie et de la tragédie, qui mérite encore aujourd'hui d'être lue pour quelques observations délicates et quelques traits ingénieux. Nous n'en citerons que les lignes suivantes : « Il s'en faut bien que la tragédie nous renvoie chagrins et mal satisfaits, la comédie tout à fait contents et de belle humeur; car si nous apportons à la tragédie quelque sujet de tristesse qui nous soit propre, la compassion en détourne l'effet ailleurs, et nous sommes heureux de répandre pour les maux d'autrui les larmes que nous gardions pour les nôtres. La comédie, au contraire, nous faisant laisser notre mélancolie à la porte, nous la rend lorsque nous sortons. Il ne s'agit donc que du temps que nous employons au spectacle et que nous ne saurions mieux employer qu'à la pitié.... La pitié est un mouvement charitable et généreux, une tendresse de cœur, dont tout le monde se sait bon gré.... Voilà donc déjà un plaisir qui se rencontre en la tragédie et qui ne se rencontre pas en la comédie. »

Sur la terreur et la pitié, comparez : Rhétorique, II, 5 et 8 ; Morale Nicom., II, 4. — En ce qui touche la célèbre purgation des passions par le drame, nous devons renvoyer d'abord à l'Essai sur l'Histoire de la Critique, p. 180 et suivantes, où nous avons exposé sur ce sujet une opinion que nous croyons devoir maintenir, malgré le dissentiment de plusieurs savants interprètes de la pensée d'Aristote, tels que M. Ch. Lévêque, dans La Science du Beau (2e édition Paris, 1872), IVe partie, chap. II ; et M. Barthélemy Saint-Hilaire, dans sa nouvelle traduction de la Poétique (Paris, 1858). Cette opinion a pour principal appui le témoignage d'Aristote lui-même, dans une page de sa Politique qu'on trouve ici réimprimée à la suite de la Poétique. Elle se trouve confirmée par des rapprochements qui avaient échappé jusqu'ici à tous les critiques, dans un important mémoire de M. J. Bernays, Grundzuege der verlorenen Abhandlung des Aristoteles ueber Wirkung der Tragœdie (Breslau, 1857, in-4°). Plusieurs autres dissertations sur la même théorie d'Aristote ont été publiées en Allemagne dans ces dernières années, par M. Kock (Elbing, 1853); par M. Spengel (Munich, 1859); par M. Geger (Leipzig, 1860); par M. Yorck von Wartenburg (Berlin, 1866). Plus récemment encore, nous croyons avoir présenté quelques réflexions utiles sur la moralité du drame selon le sens d'Aristote, dans la vingt-cinquième leçon de L'Hellénisme en France (1869). Parmi les travaux de nos compatriotes, voyez un important article de M. Léon Dumont, où la théorie de la purgation est rattachée aux principes de la psychologie d'Aristote, dans la Revue Scientifique du 8 novembre 1873; et une leçon d'ouverture de M. Jules Girard sur la tragédie grecque, dans la Revue Politique et Littéraire du 9 mai 1874.

Tandis que d'autres ont la musique.] C'est-à-dire la musique unie aux vers.

Par les mœurs et les pensées.] Mêmes distinctions dans la Morale Nicom., fin du livre Ier.

Et il n'y a rien au delà.] De même, Rhétorique, I, 2 : Καὶ παρὰ ταῦτα οὐδέν πως; Physique III, 1 : Ὥστε οὐδὲ κίνησις οὐδὲ μεταβολὴ οὐδενὸς ἔσται παρὰ τὰ εἰρημένα, μηδενός γε ὄντος παρὰ τὰ εἰρημένα.

Non une manière d'être.] Je traduis ποιότης selon le sens qu'Aristote lui-même donne à ce mot dans les Catégories, chap. VIII, où il dit que la ποιότης comprend comme espèces l'ἕξις et la διάθεσις. Cf. Métaphysique, IV, 14.

C'est par l'action qu'on est heureux ou malheureux.] Observation que l'on retrouve souvent dans Aristote, surtout dans ses traités de morale. Voyez aussi dans la Physique, II, 6, un chapitre tout classique sur ce sujet.

La fin est ce qu'il y a de plus important.] Τέλος. Voyez

l'analyse qu'Aristote lui-même donne des divers sens de ce mot, dans la Métaphysique, IV, 16 et 17.

Des auteurs modernes.] Voilà une de ces observations qu'il nous est impossible de vérifier aujourd'hui que toutes les tragédies des poëtes contemporains d'Aristote sont perdues.

Les anciens poëtes.] Bàtteux : « On en peut juger par les premières tragédies. » Dacier dit plus clairement : « C'est une expérience que presque tous les anciens poëtes ont faite. »

En étalant les plus belles couleurs.] Aristote, sur la Génération des animaux, II, 6 : Ἅπαντα δὲ ταῖς περιγραφαῖς διορίζεται πρότερον, ὕστερον δὲ λαμβάνει τὰ χρώματα, καὶ τὰς μαλακότητας, καὶ τὰς σκληρότητας, ἀτεχνῶς ὥσπερ ὑπὸ ζωγράφου τῆς φύσεως δημιουργούμενα· καὶ γὰρ οἱ γραφεῖς ὑπογράψαντες ταῖς γραμμαῖς οὕτως ἐναλείφουσι τοῖς χρώμασι τὸ ζῷον. Cf. De l'Ame, II, 7.

Le simple trait d'une figure.] Pline, Hist. nat., XXXV, 10, § 36 : « Parrhasius... primus symmetriam picturæ dedit, primus argutias vultus, elegantiam capilli, venustatem oris, confessione artificum in lineis extremis palmam adeptus. Hæc est in pictura summa sublimitas. Corpora enim pingere et media rerum, est quidem magni operis, sed in quo multi gloriam tulerint. Extrema corporum facere et desinentis picturæ modum includere, rarum in successu artis invenitur. Ambire enim se extremitas ipsa debet et sic desinere, ut promittat alia post se ostendatque etiam quæ occultat. » Plutarque n'est pas tout à fait d'accord sur ce point avec Aristote et Pline l'Ancien : « Les poëtes font bien des mensonges souvent avec intention, souvent aussi sans le vouloir. Avec intention, parce que pour le plaisir et le charme de l'oreille, qu'ils recherchent presque tous, la fiction leur paraît moins sévère que la vérité. En effet, ni le mètre, ni les figures, ni la pompe du style, ni la justesse des métaphores, ni l'harmonie, ni le nombre ne sauraient avoir autant de douceur et de grâce qu'une fable bien conduite. Aussi, comme, dans la peinture, le coloris fait plus que le dessin, par sa ressemblance avec la figure humaine et par l'illusion qu'il produit, de même, en poésie, une fiction probable nous frappe et nous plaît beaucoup plus qu'un arrangement pompeux de vers et de mots sans action et sans fable. Voilà pourquoi Socrate, voulant se faire poëte après avoir été toute sa vie l'athlète de la vérité, et par cela même pauvre inventeur de fictions, mit en vers les fables d'Ésope, ne pensant pas qu'il pût y avoir de poésie sans fiction. » (De la Manière d'entendre les poëtes, chap. VI.)

C'est l'affaire de la politique.] Ce passage est fort obscur. On serait tenté de croire qu'Aristote parle des orateurs plutôt que des poëtes. Ritter n'hésite pas à considérer comme une interpolation tout le morceau qui s'étend depuis παραπλήσιον jusqu'à la fin du chapitre; on retrouve pourtant quelques idées analogues dans la Rhétorique, III, 16. Dacier et Batteux opposent les mots πολιτικός et ῥητορικός comme *familier* et *oratoire;* de même Mme Dacier, dans la Préface de sa traduction de l'Odyssée, page 28, éd. de 1716. Mais Aristote fait précisément honneur à Euripide d'avoir le premier introduit dans la tragédie des mots du langage familier (Rhétorique III, 2); ce langage ne pouvait donc être un caractère des anciens poëtes. Il est plus probable qu'Aristote oppose le caractère sérieux et sincère de l'ancienne éloquence, soit en vers, soit en prose, à l'éloquence plus savante, mais moins naturelle, dont les rhéteurs donnaient les préceptes et l'exemple. Quant à οἱ ἀρχαῖοι, c'est une expression fréquente dans Aristote, et qui se détermine d'ordinaire par le sujet dont traite le philosophe. Voyez des exemples: Métaphysique, XIV, fin : οἱ ἀρχαῖοι ὁμηρικοί, et cf. XII, 1 ; Réfut. sophistiques, ch. XIV : οἱ ἀρχαῖοι πάντες; Politique, VIII, 3 : οἱ ἐξ ἀρχῆς et οἱ ἀρχαῖοι; etc.

La cinquième partie.] Les mss. donnent πέντε où on attend τὸ πέμπτον. Cela vient peut-être de quelque abréviation, comme ε', que l'inadvertance d'un copiste aura interprétée par le nom cardinal au lieu du nom ordinal : en effet, après ce qui précède, il n restait pas *cinq* parties, mais *deux* seulement à énumérer.

Il est étranger à l'art.] Aristote trouve ici un commentateur inattendu : « La vérité du théâtre et le rigorisme

du vêtement sont-ils aussi nécessaires à l'art qu'on le suppose? Les personnages de Racine n'empruntent rien de la
coupe de l'habit; dans les tableaux des premiers peintres,
les fonds sont négligés et les costumes inexacts. Les Fureurs
d'Oreste ou la Prophétie de Joad, lues dans un salon par
Talma en frac, faisaient autant d'effet que déclamées sur la
scène par Talma en manteau grec ou en robe juive. Iphigénie était accoutrée comme Mme de Sévigné, lorsque
Boileau adressait ces beaux vers à son ami :

> Jamais Iphigénie, en Aulide immolée,
> N'a coûté tant de pleurs à la Grèce assemblée,
> Que dans l'heureux spectacle à nos yeux étalé
> N'en a fait sous son nom verser la Champmeslé.

Cette correction dans la représentation de l'objet inanimé,
est l'esprit des arts de notre temps : elle annonce la décadence de la haute poésie et du vrai drame, etc. » (Chateaubriand, Mémoires d'Outre-Tombe, IVᵉ vol., 1802.)

CHAPITRE VII.

Nous avons établi.] Κεῖται ἡμῖν. Le même verbe se
retrouve dans le même sens : Métaphysique, VIII, 4; Topiques, VIII, 14. Cf. ὑπόκειται : Économique, I, 3.

Commencement, milieu, fin.] Cf. des subtilités analogues
et souvent inutiles. Problèmes : XVIII, 3 ; Analyt. pr. I, 4;
Métaphysique, IV, 1; Du Langage, chap. VII.

N'est beau que, etc.] Comparez Politique, VII, 4.

Un animal très-petit, etc.] Comparez le traité De la Sensation, chap III et IV. « Ce sont des idées du beau puisées dans
l'observation, et uniquement relatives à la constitution de nos
organes physiques ou à notre capacité morale. L'application
qu'Aristote en fait à la poésie dramatique est cependant
très-remarquable. » (A. W. Schlegel, Cours de Littérature
dramatique, xᵉ leçon.)

Comme on fait ailleurs.] Ποτέ et ἄλλοτε, marquant le *lieu*, non le *temps*, font la principale difficulté de ce passage. On trouve cependant un exemple d'ἄλλοτε pris en ce sens (H. Estienne). — Sur l'usage de la clepsydre dans les tribunaux, voyez Adam, Antiquités grecques, t. I, p. 180 (traduction fr., 2ᵉ édit.) ; et comparez, sur la durée des représentations théâtrales à Athènes, les auteurs cités dans la note C, à la fin de l'Histoire de la Critique.—Dacier : « comme on dit que cela se pratiquait autrefois. » Batteux : « la clepsydre, dont on dit qu'on s'est servi beaucoup autrefois, *je ne sais en quel temps.* » C'est outrer le sens du mot φασί et supposer chez Aristote l'aveu d'une ignorance qui serait bien étrange. Φασί peut s'appliquer, comme *aiunt* et *dicunt* en latin, à des faits dont la certitude n'inspire aucun doute.

Pourvu qu'on en puisse saisir l'ensemble.] « Ces expressions sont certainement très-favorables à Shakespeare et aux auteurs qui ont composé des pièces de théâtre romantiques; car on ne peut leur reprocher d'avoir rassemblé en un seul tableau une plus grande quantité d'objets et d'événements que n'ont fait les poëtes grecs, s'ils ont su conserver à leurs compositions l'unité et la clarté nécessaires; et c'est là, comme nous le verrons, ce qu'ils ont réellement fait. » (Schlegel, Cours de litt. dram., xᵉ leçon.)

CHAPITRE VIII.

A un seul homme.] Nous suivons la leçon de Vahlen (1874). L'ancien texte est τῷ γένει, d'où Vettori avait déjà tiré la conjecture τῷ γ' ἑνί. De même, Physique, II, 5 : Ἄπειρα γὰρ ἂν τῷ ἑνὶ συμβαίη. — Hermann transporte ici après συμβαίνει les mots ὥσπερ ποτὲ καὶ ἄλλοτε φασίν, qui nous embarrassaient tant au chap. VII : c'est un moyen trop commode, pour un homme d'esprit, de corriger Aristote.

L'Héracléide.] Il y avait une Héracléide de Cinéthon qui est citée par le scholiaste d'Apollonius de Rhodes, I, 1357; et une de Pisandre, dont on a quelques fragments, sans parler d'autres poëmes sur le même sujet, mais qui sont peut-être postérieurs en date à la Poétique d'Aristote. Voyez Düntzer, Fragments de la Poésie épique grecque (Cologne, 1840), p. 59.

La Théséide.] Le plus ancien des poëmes ainsi intitulés paraît être celui que citent Plutarque (Vie de Thésée, chap. xxviii) et Aristote. On n'en connaît pas l'auteur. Ceux de Diphilus et de Nicostrate ou Pythostrate sont d'une date incertaine. Voyez Düntzer, livre cité, et W. Müller, de Cyclo Græcorum epico (Leipzig, 1829), p. 64.

Au moment de la réunion des Grecs.] Cet épisode était traité dans les Chants Cypriaques, dont l'analyse par le grammairien Proclus nous a été conservée par Photius (Cod. 239), et dans un poëme intitulé Palamedea, que cite un scholiaste d'Homère (sur l'Iliade, II, 761) publié par Cramer, Anecdota Oxon., I, p. 278.

Sur la question que soulève cette assertion d'Aristote, voy. la note D, § 1, à la fin de l'Histoire de la Critique.

Je transcris ici, comme termes de comparaison, les traductions de Dacier, de Batteux et de Chénier. Dacier : » En composant son Odyssée, il n'y a pas fait entrer toutes les aventures d'Ulysse; par exemple, il n'a pas mêlé la blessure qu'il reçut sur le Parnasse avec la folie qu'il feignit lorsque les Grecs assembloient leurs armées; car de ce que l'une est arrivée, il ne s'ensuit ny nécessairement ny vraisemblablement que l'autre doive arriver aussi; mais il a employé tout ce qui pouvoit avoir rapport à une seule et même action, comme est celle de l'Odyssée. » Batteux : « Il s'est bien gardé d'employer dans son Odyssée toutes les aventures d'Ulysse, comme sa folie simulée, sa blessure au mont Parnasse, dont l'une n'est liée à l'autre ni nécessairement ni vraisemblablement. Mais il a rapproché tout ce qui tenait à une seule et même action, et il en a composé son poëme. » Chénier : « En composant l'Odyssée, il n'a point chanté toute la vie d'Ulysse, ni la blessure qu'il reçut d'un sanglier sur le mont Parnasse, ni la folie qu'il affecta lorsqu'on rassembla l'armée. Ces choses n'étant point des parties nécessaires ou vraisemblables, Homère s'est borné au détail d'une seule action telle que la présente l'Odyssée »

Quant au précepte général qui fait le sujet de ce chapitre, on peut voir dans le Tasse (Discours II⁰ sur l'Art poétique, et Lettres poétiques, 2 juin, 15 juillet et 15 octobre 1575) combien ce grand génie se préoccupe de l'unité épique et de l'autorité d'Aristote sur cette question. C'est quelque chose de fort semblable aux scrupuleuses discussions de notre Corneille dans ses Discours sur la Tragédie et dans les Examens de ses pièces.

CHAPITRE IX.

Plus profond.] Φιλοσοφώτερον. Morale Eudém., I, 6 : Οὐ χρὴ νομίζειν. περίεργον εἶναι τὴν τοιαύτην θεωρίαν, δι' ἧς οὐ μόνον τὸ τί φανερόν, ἀλλὰ καὶ τὸ διὰ τί. Φιλόσοφον γὰρ τὸ τοιοῦτο περὶ ἑκάστην μέθοδον.

Plus sérieux.] Σπουδαιότερον. Morale Nicom., VI, 7 : Ἄτοπον γὰρ εἴ τις τὴν πολιτικὴν ἢ τὴν φρόνησιν σπουδαιοτάτην οἴεται εἶναι, εἰ μὴ τὸ ἄριστον τῶν ἐν κόσμῳ ὁ ἄνθρωπός ἐστι. Strabon fait peut-être allusion à la Poétique, lorsque, dans son Iᵉʳ livre, il écrit, à propos d'Ératosthène : Οὐδὲ γὰρ ἀληθές ἐστιν, ὅ φησιν Ἐρατοσθένης, ὅτι ποιητὴς πᾶς στοχάζεται ψυχαγωγίας, οὐ διδασκαλίας· τἀναντία γὰρ οἱ φρονιμώτατοι τῶν περὶ ποιητικῆς τι φθεγξαμένων πρώτην τινὰ λέγουσι φιλοσοφίαν τὴν ποιητικήν Polybe (Histoire, II, 56) compare, d'une façon peu instructive d'ailleurs, l'histoire à la tragédie, pour en marquer les différences.

Mme Dacier, Préface de sa trad. de l'Odyssée, p. vi (édition 1716) : « Je tâcherai de prouver la vérité de ce sentiment d'Aristote que la poésie d'Homère est plus grave et plus morale que l'histoire. »

La poésie met ensuite des noms propres.] Cf. plus bas le chap. xvii, et le fragment d'Antiphane, traduit dans l'Histoire de la Critique, p. 43. On trouve aussi quelques idées analogues dans la Rhétorique attribuée à Denys d'Halicarnasse, chap. xi, § 2. — « Bref, c'est (le poëte) un homme le quel comme une mouche à miel délibe et suce toutes fleurs, puis en fait du miel et son profit selon qu'il vient à propos. Il a pour maxime très-nécessaire en son art, de ne suivre jamais pas à pas la vérité, mais la vraysemblance et le possible : et sur le possible et sur ce qui peut se faire, il bastit son ouvrage, laissant la véritable narration aux Historiographes qui poursuivent de fil en esguille, comme on dit en proverbe, leur subject entrepris du premier commencement jusques à la fin. » (Ronsard, Préface de la Franciade.) Il se souvient évidemment d'Aristote, quoiqu'il ne le nomme pas ; mais l'avait-il bien compris lorsqu'il ajoute, plus bas (p. 16, éd. 1604) : « Or imitant ces deux lumières de poésie (Homère et Virgile), fondé et appuyé sur nos vieilles Annales, j'ay basti ma Franciade sans me soucier si cela est vrai ou non, ou si nos roys sont Troyens ou Germains, Scythes ou Arabes : si Francus est venu en France ou non : car il y pouvoit venir : me servant du possible et non de la vérité. C'est le fait d'un historiographe d'esplucher toutes ces considérations et non aux poëtes qui ne cherchent que le possible, etc. » ?

Noms historiques.] En grec : γενομένων ὀνομάτων. Ma traduction dissimule un peu malgré moi cet abus du verbe γίνεσθαι, que les anciens reprochaient déjà aux philosophes du Lycée. Voyez un fragment du Cléophane d'Antiphane dans Athénée, III, p. 98, 99 ; et comparez dans Aristote le commencement du livre sur Xénophane, où, du reste, la sécheresse du style est plus facile à excuser que dans une Poétique.

La Fleur d'Agathon.] Malheureusement le témoignage d'Aristote est la seule trace qui reste aujourd'hui de cette pièce dans les écrits des anciens. — Lessing, dans sa Dramaturgie, va plus loin qu'Aristote et soutient que la tragédie a le même droit que la comédie sur les sujets d'invention ; mais l'histoire du théâtre moderne, ainsi que celle du théâtre grec, confirme la judicieuse réserve de notre philosophe. Déjà Balzac, dans sa célèbre Lettre à Scudéri au sujet du Cid, disait prudemment : « Aristote blâme la Fleur d'Agathon, quoiqu'il dise qu'elle fût agréable ; et l'Œdipe peut-être n'agréoit pas, quoiqu'Aristote l'approuve. Or, s'il est

vrai que la satisfaction des spectateurs soit la fin que se pro-
posent les spectacles, et que les maîtres mêmes du métier
aient quelquefois appelé de César au peuple, le Cid du poëte
français ayant plu aussi bien que la Fleur du poëte grec, ne
seroit-il point vrai qu'il a obtenu la fin de la représentation,
et qu'il est arrivé à son but, encore que ce ne soit pas par
le chemin, ni par les adresses de la Poétique? »

« Les modernes ont, encore plus fréquemment que les
Grecs, imaginé des sujets de pure invention. Nous eûmes
beaucoup de ces ouvrages du temps du cardinal de Riche-
lieu ; c'était son goût, ainsi que celui des Espagnols ; il
aimait qu'on cherchât d'abord à peindre les mœurs et à
arranger une intrigue, et qu'ensuite on donnât des noms aux
personnages, comme on en use dans la comédie : c'est ainsi
qu'il travaillait lui-même, quand il voulait se délasser du
poids du ministère. Le Venceslas de Rotrou est entièrement
dans ce goût, et toute cette histoire est fabuleuse... Un sujet
de pure invention, et un sujet vrai, mais ignoré, sont absolument la même chose pour les spectateurs ; et comme notre
scène embrasse des sujets de tous les temps et de tous les
pays, il faudrait qu'un spectateur allât consulter tous les
livres avant qu'il sût si ce qu'on lui représente est fabuleux
ou historique. Il ne prend pas assurément cette peine ; il se
laisse attendrir quand la pièce est touchante, et il ne s'avise
pas de dire en voyant Polyeucte : Je n'ai jamais entendu
parler de Sévère et de Pauline ; ces gens-là ne doivent pas
me toucher. » (Voltaire, Dissertation sur la tragédie, en tête
de sa Sémiramis.) Même observation dans Marmontel, au mot
Vraisemblance.

Ne sont connus que du petit nombre.] Diderot emprunte
cette réflexion ainsi que beaucoup d'autres à la Poétique
(De la Poésie dramatique, § 10).

Les fables et les actions simples.] Ἀπλοῖ offre ici une difficulté, car il semble anticiper sur la définition qui ne sera
donnée qu'au chapitre x. Hermann transporte, en consé-
quence, tout le paragraphe dans le chapitre x. Castelvetro
a proposé assez heureusement de lire ἁπλῶς, mot souvent
employé dans Aristote pour καθόλου. Le sens deviendrait :

« Parmi les fables. en général (qu'elles soient historiques ou inventées par le poëte), les moins bonnes, etc. »

Épisodiques.] Ἐπεισοδιώδη. Le même mot se retrouve dans la Métaph., XII, 10; XIV, 3. Aristote emploie beaucoup les adjectifs de ce genre; par exemple : γεώδης, Problèmes, X, 43; νευρώδης, ὀστώδης, σαρκώδης, ibid., X, 41; φλεγματώδης, Hist. des Animaux, VI, 20; φυσώδης, ibid., VIII, 26; κερατώδης, ibid., VIII, 28; πυρώδης, Sur le Mouv. des Animaux, X; σοφισματώδης, Topiques, VIII, 6; αἰνιγματώδης, Rhétorique, II, 21; παραδειγματώδης, ibid., I, 2; II, 25. Les formes en ειδής ne lui sont pas moins familières, par exemple : νεφροειδής, Hist. des Animaux, VI, 22; ὁμοειδής, Métaphysique, VII, 7; θυμοειδής, Analytiques post. II, 7; etc.

Pour plaire aux acteurs.] « On voit que ce n'est pas d'aujourd'hui que l'on s'est plaint de l'inévitable tyrannie qu'exercent sur un artiste ceux qui sont les instruments uniques et nécessaires de son art. » (La Harpe, Analyse de la Poétique d'Aristote.) Aristote dit encore; Rhétorique, III, 1 : Μεῖζον δύνανται νῦν τῶν ποιητῶν οἱ ὑποκριταί. Il ne faut donc pas lire ici κριταί pour ὑποκριταί, quelque séduisante que cette leçon puisse paraître. Un ancien biographe de Sophocle dit que ce poëte composa souvent des caractères tragiques pour la convenance de ses acteurs, et Aristophane nous est représenté comme vivant en grande intimité avec les deux acteurs Callistrate et Philonide. Cf. Cicéron, Des Devoirs, I, 31.

Pour le succès du jour.] Ἀγωνίσματα. Thucydide, I, 22 : Κτῆμά τε ἐς ἀεὶ μᾶλλον ἢ ἀγώνισμα ἐς τὸ παράχρημα ξύγκειται. Quintilien, X, 1, § 31 : « Historia scribitur ad narrandum non ad probandum, totumque opus non ad actum rei pugnamve praesentem, sed ad memoriam posteritatis et ingenii famam componitur. » Cf. Suétone, Caligula, ch. LIII. — Le plus ancien des traducteurs français, de Norville, est ici celui qui se rapproche le plus du sens d'Aristote : « Comme ils font des pièces qui doivent être représentées et disputer le prix, etc. »

Et celles-ci, etc.] Nous avons pensé avec Vahlen qu'une lacune est ici plus probable qu'une transposition. Hermann :

Ταῦτα δὲ γίγνεται μάλιστα τοιαῦτα, ὅταν γένηται παρὰ τὴν δόξαν, καὶ μᾶλλον ὅταν δι' ἄλληλα, et il marque une lacune après le dernier mot. Batteux proposait déjà un changement analogue. Le plus simple serait peut-être de mettre μᾶλλον à la place de μάλιστα, et *vice versa*. De même, Hist. des Animaux, IX, 1 : μᾶλλον.... καὶ μάλιστα. Cf. De l'Ame, I, 2 : καὶ μάλιστα καὶ πρώτως.

La statue de Mitys.] L'anecdote est copiée presque mot à mot dans la compilation de Récits merveilleux qui figure parmi les ouvrages d'Aristote, § 156 (ou 167); le compilateur met seulement οὖν au lieu de γάρ dans la remarque qui suit. Plutarque, Des Délais de la vengeance divine, chap. VIII, dit que l'accident eut lieu θέας οὔσης, pendant une fête, ce qui induit Dacier à traduire θεωροῦντι par « au milieu d'une grande fête. » Il est certain que θεωρεῖν a souvent le sens d'assister à une fête. Voy. les Récits merveilleux, § 31, et Aristote, De la Mémoire, ch. I ; cf. Rhétorique, I, 3. Sur le hasard considéré comme cause des événements, voyez la Physique, II, 4 et suiv.

CHAPITRE X.

Péripétie.] Ce mot, que notre langue a emprunté au grec, ne se rencontre pas chez les auteurs avant Aristote.

CHAPITRE XI.

Le Lyncée.] C'est une pièce de Théodecte, comme on le voit plus bas, au chap. XVIII. Lyncée, le seul des cinquante époux des Danaïdes qui eût été épargné par sa femme, en avait eu un fils nommé Abas. Cet enfant tomba aux mains de Danaüs, qui en prit occasion de poursuivre Lyncée devant les Argiens : il paraît que les Argiens finissaient par condamner à mort Danaüs au lieu de Lyncée. Voyez Hygin, Fables, 170, 244, 273, et le scholiaste sur l'Oreste d'Euripide, v. 872.

Destinés au bonheur ou au malheur.] Ὡρισμένων. Euripide, fragment de l'Antiope cité par Stobée, LXII, 41 :

Φεῦ φεῦ! τὸ δοῦλον ὡς ἁπανταχῇ γένος
Πρὸς τὴν ἐλάσσω μοῖραν ὥρισεν θεός.

Qu'elle envoie.] Elle ne l'envoie pas, elle la remet à son
frère. Quant à la première espèce de reconnaissance, dont
Aristote ne donne pas d'exemple, on peut citer les Choéphores d'Eschyle, où Électre était déjà connue d'Oreste avant
de le reconnaître.

L'événement terrible.] Πάθος (voy. le schol. sur l'Oreste
d'Euripide, v. 1) est pris ici dans un sens pour lequel la
langue française ne fournit pas d'équivalent. En italien, le
Tasse a cru pouvoir traduire par *perturbazione* (Discorso
II, p. 54), ce qu'il définit ainsi : « Perturbazione è una
azione dolorosa e piena d'affanno, come sono il morti, i
tormenti, le ferite e l'altre cose di simil maniera, le quali
commovano i gridi e i lamenti delle persone introdotte. »

Le dernier paragraphe de ce chapitre est rejeté par Ritter
comme une interpolation.

CHAPITRE XII.

Tout ce chapitre est condamné par Ritter : 1° parce qu'il
interrompt les belles analyses d'Aristote sur l'action tragique ;
2° parce qu'il ne contient que des définitions sèches et su-
perficielles ; 3° parce que les premières lignes et les dernières trahissent la main d'un interpolateur, qui veut faire l'important et rattacher de son mieux sa maigre science au texte
du philosophe. — Voy. Waldæstel, Commentatio de tragœ-
diarum græcarum membris ex verbis Aristotelis recte consti-
tuendis (Neu-Brandenburg, 1837). — Comparez le grammairien anonyme, publié par Cramer, Anecdota Oxon., tome
IV, p. 311 et suiv. ; les vers de Tzetzès, publiés par le même,
ibid., t. III, p. 334 et suiv., et réimprimés en partie par Meineke, à la suite des Fragments de la Comédie Ancienne. —
Ne pouvant entrer, à propos de ce texte, dans une longue

discussion sur les parties d'*étendue* de la tragédie grecque, je me borne à quelques rapprochements, et je renvoie, pour chacune des six parties, à des exemples pris dans l'Œdipe roi, celle de toutes les tragédies grecques qu'Aristote a citée avec le plus de prédilection. M. Waldæstel étend cette analyse aux autres tragédies de Sophocle et aux sept tragédies d'Eschyle.

Le prologue.] Il est évident qu'il ne s'agit pas ici du prologue explicatif, dont Euripide introduisit l'usage sur la scène grecque. Voy. le schol. d'Aristophane sur les Grenouilles, v. 1119; Thémistius, disc. xxvi; Cramer, Anecd. Oxon., t. IV, p. 314. — Exemple : Sophocle, Œdipe roi, v. 1-150.

L'épisode.] Exemples : ibid., v. 216-462; 513-862; 911-1085; 1110-1185. Est-il besoin de faire observer que ce mot n'a pas ici le même sens qu'au chapitre xxiv? Au chap. iv, on peut, à la rigueur, entendre ἐπεισόδιον dans le sens de la présente définition d'Aristote. Sur les contradictions apparentes du style d'Aristote, l'Index de la grécité Aristotélique de Bonitz (Berlin, 1870) est fort utile à consulter.

L'exode.] Exemple : ibid., v. 1223 jusqu'à la fin.

L'entrée du chœur.] Exemple : ibid., v. 151-215.

La station.] Exemples : ibid., v. 463-512; 863-910; 1080-1109; 1186-1222. La station ne renferme ni anapestes ni trochées, parce que ces vers sont surtout propres aux mouvements vifs et à la danse. Voyez la Rhétorique, III, 8.

Le commos.] Exemple : ibid., v. 649-697. Ce morceau est donc contenu dans le deuxième épisode, d'où il résulte que les parties en question ne sont pas précisément juxtaposées dans une tragédie, mais quelquefois interposées l'une dans l'autre. — Sur les chants du chœur, voy. aussi Problèmes, XIX, 15 et 48, p. 65, 66 de cette édition.

CHAPITRE XIII.

Sur ces diverses formes de catastrophe tragique, où Aristote, par une omission que nous avons expliquée dans

Essai sur l'Histoire de la Critique, p. 203 et suiv., ne mentionne même pas le rôle de la Fatalité, voyez Marmontel, au
mot *Catastrophe.*

Les honnêtes gens.] Ἐπιειχεῖς, mot défini dans la Morale
Nicom., V, 14. Il est employé ici dans un sens général.

Mais odieux.] La Poétique de la Mesnardière, qu'on a ra-
rement à louer, contient (p. 22 et suiv.) de bonnes observations
sur la différence de l'horrible et du terrible dans la tragédie.
Voyez aussi la Harpe (Analyse de la Poétique), qui relève
avec raison l'excessive rigueur des règles données ici par
Aristote.

Sentiment d'humanité.] Φιλάνθρωπον. Voyez Morale Nicom., VIII, 1.

Qu'un homme très-méchant tombe du bonheur dans le
malheur.] « Si Corneille en avait cru Aristote, il se serait
interdit le dénoûment de Rodogune; et, si nous en croyons
Dacier, ce dénoûment est un des plus mauvais, car il est
d'une espèce inconnue aux anciens et rejetée par Aristote.
D'après la même théorie, toutes les pièces où le personnage
intéressant fait son malheur lui-même avec connaissance de
cause seraient bannies du théâtre; et l'on n'aurait jamais
pensé à y faire voir l'homme victime de ses passions. Voilà
comme une théorie exclusivement attachée à la pratique
des anciens veut réduire le génie à l'éternelle servitude
d'une étroite imitation. » (Marmontel, au mot *Règles.*)

Un homme qui nous ressemble.] Corneille et Dacier s'inquiètent beaucoup de ce qu'Aristote paraît assimiler la condition des héros de tragédie à celle des auditeurs. Toutefois,
Corneille observe que « les rois sont hommes comme les
auditeurs et tombent dans ces malheurs par l'emportement
des passions dont les auditeurs sont capables »; et Dacier,
que « le poëte n'a pas en vue d'imiter les actions des rois,
mais les actions des hommes, et que c'est nous qu'il représente. *Mutato nomine, de te fabula narratur:* »

Thyeste.] On compte jusqu'à six tragédies portant ce titre,
qui sont aujourd'hui perdues; Aristote cite, au chap. XVI,
celle de Carcinus. Voyez Wagner, Fragments des Tragiques,
dans la Bibliothèque Firmin Didot.

Simple.] Non pas tout à fait dans le même sens que plus haut, chap. x. « Aristote appelle ici *fable simple* celle qui n'explique que les malheurs d'un seul personnage ; et il appelle double celle qui a une double catastrophe, qui est heureuse pour les bons et funeste pour les méchants, comme dans l'Électre de Sophocle, où Oreste et Électre sont enfin heureux, et où Égisthe et Clytemnestre périssent. » (Dacier.)

Comme veulent quelques-uns.] Remarquez ici une de ces allusions, très-rares dans la Poétique, aux auteurs qui avaient traité les mêmes questions avant Aristote.

Alcméon.] Sujet traité par Sophocle, Euripide, Astydamas, Théodecte, Nicomaque, Agathon ; et, sous forme de drame satyrique, par Achæus.

Oreste.] Sujet traité par Euripide, par Théodecte (Aristote, Rhétorique, II, 24), par Carcinus, et par un tragique de date inconnue, Timésithée.

Méléagre.] Sujet traité par Euripide, par Antiphon, et par Sosiphane, poëte de la pléiade tragique, contemporain d'Aristote.

Télèphe.] Sujet traité par Eschyle, Euripide, Agathon, Iophon, Cléophon et Moschion.

Euripide... le plus tragique des poëtes.] Quintilien, X, 1, § 67 : « Euripides... in affectibus cum omnibus mirus, tum in iis qui in miseratione constant facile præcipuus. »

La faiblesse des spectateurs.] Rhétorique, III, 1 : διὰ τὴν τῶν ἀκροατῶν μοχθηρίαν. Cf. plus bas, chap. xvi. L'emploi de τὸ θέατρον pour οἱ θεαταί est fréquent et d'ailleurs bien naturel. Voyez Aristophane, Acharniens, v. 629 ; Chevaliers, v. 233, 508, 1318 ; Paix, v. 735, etc.

Il appartient plutôt à la comédie.] Surtout à la nouvelle comédie, car les anciennes comédies finissaient quelquefois d'une manière assez tragique, comme l'observe avec raison Ritter, rappelant les Babyloniens, les Détaliens et les Nuées d'Aristophane. L'auteur d'un argument sur l'Oreste d'Euripide remarque que cette pièce, ainsi que l'Alceste, a un dénoûment comique ; il cite encore un exemple de Sophocle, et il ajoute : « En un mot, il y a beaucoup d'exemples de ce genre dans la tragédie. » Comparez Villemain, Tableau du xviiie siècle, IIIe partie, ve leçon.

CHAPITRE XIV.

Dépend.] Politique, VII, 13 : Δεῖται χορηγίας τινὸς τὸ ζῆν καλῶς. — Δεόμενόν ἐστι est ici pour δεῖται; cf. Hérodote, III, 108; VI, 33; Pausanias, I, 14, § 5. Aristote, Métaphysique, IV, 7 : Οὐδὲν διαφέρει τὸ Ἄνθρωπος ὑγιαίνων ἐστίν, ἢ τὸ Ἄνθρωπος ὑγιαίνει. C'est la figure appelée σχῆμα χαλκιδιακόν par le grammairien Lesbonax (p. 179, à la suite d'Ammonius, éd. Valckenaër), et dont il cite pour exemples : Σωκράτης ἀπολογούμενός ἐστι, et Homère, Iliade, V, v. 873 :

Αἰεὶ γὰρ ῥίγιστα θεοὶ τετληότες εἰμέν.

Cf. Eschyle, Euménides, v. 541 éd. Boissonade : Αἰδόμενός τις ἔστω pour αἰδείσθω.

L'effrayant.] Τερατῶδες. Voyez plus haut, la troisième note sur le chapitre XIII.

Ne sont plus dans la tragédie.] Remarquer τραγῳδία, au lieu de τραγῳδίας, contre l'usage d'Aristote, qui est de construire κοινωνεῖν avec le génitif. Ici, c'est comme s'il eût dit : οὐδὲν κοινὸν ou ὅμοιον τῇ τραγῳδίᾳ ἔχουσι. Cf. Platon, Politique, p. 304 A : ὅση βασιλικῇ κοινωνοῦσα ῥητορεία; et Lucien, De la Danse, chap. XXXIV : Μηδὲν ταῦτα τῇ νῦν ὀρχήσει κοινωνεῖ.

Voyons donc.] « Λάβωμεν sanum esse vix credo. » (Ritter.) On trouvera pourtant des exemples de la même locution : Rhétorique, I, 2 fin, 4, 10; Politique, III, 9; IV, 12, 16; V, 2. (Düntzer, Défense de la Poétique, note 96.)

Les anciens poëtes.] Οἱ παλαιοί. Le rhéteur Démétrius, Sur le Style, § 175, prétend que ce terme est plus noble que οἱ ἀρχαῖοι (voy. plus haut, p. 90). Probablement Aristote les emploie l'un et l'autre comme de simples synonymes.

L'Ulysse blessé.] Blessé, ou plutôt tué, dans un combat sur le rivage d'Ithaque, par Télégonus, le fils qu'il avait eu jadis de Circé. Voy. Hygin, Fable 127, et comparez le livre de

Welcker, sur les Tragédies grecques considérées dans leur rapport avec le Cycle épique, t. I, p. 240. — Il reste deux fragments de cette pièce de Chérémon.

L'Antigone.] Aristote se tromperait en citant ici comme exemple la tragédie de Sophocle, où Hémon paraît tirer, en effet, l'épée contre son père, mais sans préméditation et sans que cet incident ait la moindre importance dans l'économie de la pièce. Peut-être Aristote pensait-il à l'Antigone d'Euripide, dont il ne nous reste que des fragments. Ce qui est certain, c'est qu'il a formellement cité ailleurs la pièce de Sophocle : Rhétorique, I, 13 et 15; III, 16 et 17.

Le Cresphonte.] Même sujet que la Mérope des modernes. Voy. Plutarque, De l'Usage des viandes, II, 5; Hygin, Fables 137, 184. — Voltaire, Lettre à Maffei, en tête de sa Mérope : « Aristote, cet esprit si étendu, si juste et si éclairé dans les choses qui étaient alors à la portée de l'esprit humain, Aristote, dans sa Poétique immortelle, ne balance pas à dire que la reconnaissance de Mérope et de son fils était le moment le plus intéressant de toute la scène grecque. Il donnait à ce coup de théâtre la préférence sur tous les autres. Plutarque dit que les Grecs, ce peuple si sensible, frémissaient de crainte que le vieillard qui devait arrêter le bras de Mérope n'arrivât pas assez tôt. Cette pièce, qu'on jouait de son temps, et dont il nous reste très-peu de fragments, lui paraissait la plus touchante de toutes les tragédies d'Euripide. » Comparez Lessing, Dramaturgie, p. 184, trad. fr. de 1785.

L'Hellé.] Comme on n'a aucun autre renseignement sur cette pièce, Valckenaër conjecture qu'il faut lire ici « l'Antiope », pièce d'Euripide dont il reste environ cinquante fragments. Mais, d'après le récit d'Hygin, Fable 8, ce n'est pas *un fils* d'Antiope qui va la livrer à la mort, mais *ses deux fils*, qui, la reconnaissant sur les indices d'un berger, viennent à son secours et la sauvent. Résignons-nous à ignorer l'auteur de cette pièce d'Hellé, dont le sujet, du reste, tenait à ceux du Phrixus, traité par Euripide, et de l'Athamas, traité par Sophocle et par Xénoclès.

Voilà pourquoi, etc.] « C'est pour cela que l'on a souvent

dit que les tragédies ne mettent sur la scène qu'un petit nombre de familles : car les poëtes qui cherchoient des actions de cette nature en sont redevables à la fortune, et non pas à leur invention. Ainsi ils sont contraints de revenir à ces mêmes familles où ces sortes d'événements se sont passés. » (Trad. de Racine.)

CHAPITRE XV.

Une femme peut être bonne, etc.] « Les poëtes, dans la peinture des mœurs de la vieillesse, font reconnoître la foiblesse de l'âge, et celle du sexe dans la peinture des mœurs des femmes : elles sont moins propres que les hommes, soit à cause de la délicatesse des fibres, soit à cause de la frivole éducation qu'on leur donne, à soutenir des inclinations fortes et égales. C'est apparemment ce qu'a entendu Aristote quand il a dit dans sa Poétique que « les fem-« mes sont communément plus mauvaises que les hommes ». Il n'y a pas d'apparence qu'un aussi grand philosophe ait voulu dire qu'elles sont communément plus vicieuses que vertueuses. » (L. Racine, Réflexions sur la poésie, p. 203, éd. 1747.) L. Racine paraît avoir deviné ce qu'Aristote lui-même écrit dans un passage de ses Problèmes (XXIX, 11) où il appelle la femme un être inférieur (πολὺ ἧττον) et plus faible (ἀσθενέστερον) que l'homme. Cf. Morale Nicom., VIII, 13, où il fonde sur des considérations analogues la supériorité de l'homme dans le mariage. Voy. encore : Hist. des Animaux, IX, 1 ; Politique, I, 2 et 6 ; Économique, I, 3 ; Rhétorique, II, 23. Du reste, la pensée d'Aristote sur ce sujet n'est guère que celle de presque toute l'antiquité païenne ; voyez Strabon, Géographie, III, 4, § 18 ; Philon le Juif, Sur l'Immutabilité de Dieu, ch. xxv. On sait de quelle manière Périclès s'adresse aux femmes d'Athènes dans l'oraison funèbre que lui prête Thucydide (II, 45), et, huit siècles plus tard, le rhéteur Ménandre, donnant des règles sur la manière de consoler dans une oraison funèbre, dit qu'il faut parler **différemment** aux hommes, aux enfants et aux fem-

mes, et que, pour ces dernières, il faut avoir soin d'abord
« de relever un peu leur personnage par des éloges », ἵνα
μὴ πρὸς φαῦλον καὶ εὐτελὲς διαλέγεσθαι δοκῇς πρόσωπον (περὶ
Ἐπιδεικτικῶν, chap. II, t. IX, p. 294 des Rhetores græci de
Walz). Il faut bien distinguer ces jugements sérieux des
plaisanteries comiques dont la tradition s'est perpétuée depuis le vieux poëte Simonide d'Amorgos (poëme Sur les
Femmes, dans les Lyrici varii de la collection de Boissonade, et dans les Lyrici græci de Bergk) et l'école d'Aristophane jusqu'à Molière, en passant par Érasme (Éloge de la
Folie, chap. VII, p. 33, éd. 1777, dont Molière semblait se souvenir en écrivant les vers, passés en proverbe, du Dépit
amoureux, acte IV, scène II). Surtout il ne faut pas croire
que les philosophes anciens aient toujours, et en tout point,
méconnu la dignité morale de la femme. Aristote, à lui seul,
nous offre beaucoup de belles observations sur ce sujet ; par
exemple, dans sa Morale à Nicomaque, VIII, 9, une admi-
rable analyse de l'amour maternel. Xénophon, dans le dialogue socratique intitulé l'Économique, nous représente avec
une délicatesse charmante le rôle de la femme dans le mé-
nage d'un riche campagnard Athénien.

La convenance.] Même précepte dans Horace, Art Poétique, v. 114 et suiv. On a souvent induit de ces ressemblances, qu'Horace lisait et imitait l'ouvrage d'Aristote ; rien
n'est moins démontré. La plupart des imitations d'Horace
portent sur des préceptes qui devaient se trouver à peu près
dans toutes les Poétiques. D'ailleurs, un scholiaste du poëte
latin, Porphyrion, nous apprend qu'il avait surtout puisé
dans la Poétique de Néoptolème de Parium.

L'Oreste d'Euripide.] L'auteur de l'Argument grec sur
cette pièce, la déclare δρᾶμα τῶν ἐπὶ σκηνῆς εὐδοκιμούντων,
ζείριστον δὲ τοῖς ἤθεσιν· πλὴν γὰρ Πυλάδου πάντες φαῦλοι
ἦσαν.

Scylla.] Voyez Welcker, livre cité, p. 527.

Ménalippe.] Voyez ibid., p. 846.

Iphigénie à Aulis.] Voy. v. 1200 et suiv., puis v. 1398 et
suiv., 1530 et suiv. — Ici, comme dans son immortelle tragédie, Racine traduit ἐν Αὐλίδι par « en Aulide ». De Nor-

ville avait déjà traduit, avec plus d'exactitude, « à Aulis ». Il
s'agit en effet d'une ville, non d'un pays. — « Aristote, et d'autres après lui (L. Racine, A. W. Schlegel, etc.), ont blâmé
comme une inconséquence de caractère ce passage de la
faiblesse à l'héroïsme. Malgré l'autorité d'un tel critique et
de ceux qui l'ont suivi, je crois que ces mouvements d'une
âme qui cède d'abord à la douleur et se roidit ensuite contre
elle, sont conformes à la nature, conformes à l'esprit du
théâtre grec, qui en avait fait le sujet et la leçon de la tragédie. » (M. Patin, Études sur les Tragiques grecs, t. II,
p. 301, Examen de l'Iphigénie à Aulis.) Comparez la Harpe,
Analyse de la Poétique.

Dans la Médée.] L'auteur d'un argument grec de cette
pièce, qui contient des observations intéressantes, cite Aristote ἐν Ὑπομνήμασι. C'est la troisième fois que nous re-
marquons ces rapports entre les Arguments des pièces grecques et des textes d'Aristote ; ils indiquent évidemment des
emprunts, mais des emprunts dont on ne peut aujourd'hui
apprécier l'étendue et l'importance.

Le départ proposé par Agamemnon.] Voyez la note
d'Alexandre d'Aphrodise sur les Réfutations sophistiques,
ch. IV, où Aristote fait allusion au même texte d'Homère.

Comme des modèles, etc.] « Ainsi, le poëte, en représentant
un homme colère ou un homme patient, ou de quelque autre
caractère que ce puisse être, doit non-seulement les représenter tels qu'ils étaient, mais il les doit représenter dans
un tel degré d'excellence, qu'ils puissent servir de modèle
ou de colère, ou de douceur ou d'autre chose. » (Trad. de Racine.) — « Ce qui est rare et parfait en son espèce, ne peut
manquer d'attirer l'attention. Ainsi, il faut toujours peindre
les caractères dans un degré élevé, rien de médiocre, ni
vertus, ni vices.... Les vices ont aussi leur perfection. Un
demi-tyran serait indigne d'être regardé ; mais l'ambition,
la cruauté, la perfidie, poussées à leur plus haut point,
deviennent de grands objets. La tragédie demande encore
qu'on les rende, autant qu'il est possible, de beaux objets.
Il y a un art d'embellir les vices et de leur donner un air de

noblesse et d'élévation. » (Fontenelle, Réflexions sur la Poétique, § xvi, xvii.) Le texte est ici très-douteux.

De rudesse.] Σκληρότητος. Twining propose ingénieusement, mais sans nécessité, de lire ici ἁπλότητος, et il compare avec ce passage la Rhétorique, I, 9, et le vers 926 (917, éd. Boissonade) de l'Iphigénie à Aulis. Cf. Iliade, IX, 308.

Voilà ce qu'il faut, etc.] « Le poëte doit observer toutes ces choses et prendre garde surtout de ne rien faire qui choque les sens qui jugent de la poésie, c'est-à-dire les oreilles et les yeux : car il y a plusieurs manières de les choquer, j'en ai parlé dans d'autres discours où je traite de cette matière. » (Trad. de Racine.) C'est aussi le sens adopté par Dacier, qui rapproche de ce passage Horace, Art poétique, v. 179 et suiv.

Résultant.] Παρά marque quelquefois la cause. Voy. Matthiæ, Gramm. gr., § 588. Hermann lit περί, et il pense qu'il s'agit de la danse et de la musique.

Ouvrages déjà publiés.] Ἐκδεδομένοις. Expression consacrée en ce sens : Isocrate, A Philippe, § 35, et Sur l'Antidose, § 5 ; Philodème, Rhétorique, iv, col. 33, éd. Gros. Cf. Stahr, Aristotelia, II, p. 238 et 263. Mais on ne sait pas à quel ouvrage se rapporte cette allusion.

CHAPITRE XVI

La lance, etc.] Fait rapporté aussi par Dion Chrysostome, Discours iv, t. I, p. 149, éd. Reiske, et par d'autres auteurs anciens.

Les étoiles.] Ἀστέρας est peut-être une faute de copiste : car Julien (Discours ii, p. 81 C) et d'autres auteurs attestent que le signe naturel qui distinguait les Pélopides était une épaule d'ivoire. Voyez Pindare, Olympique, I, v. 27.

La petite barque.] C'est la barque ou le petit berceau dans lequel les deux enfants de Tyro avaient été exposés par leur mère. Voy. Odyssée, XI, 235 ; Apollodore, Bibliothèque, I, 9, § 8. Cf. Welcker, livre cité, I, p. 313 ; et les Fragments de

Sophocle, réunis et commentés par M. Ahrens dans la Bibliothèque Firmin Didot, p. 315.

Peu d'art.] Un manuscrit donne ἔντεχνοι. Mais ἄτεχνοι, qui est mieux autorisé, ne peut-il pas se défendre, si on établit la suite des idées comme nous avons fait dans la traduction? Dacier s'y résigne; Batteux, d'après d'anciennes éditions, lit οὐκ ἄτεχνοι, en s'appuyant sur un passage de la Rhétorique, I, 2, qui ne me paraît rien prouver en faveur de cette leçon.

Le Térée.] Térée est le mari de Procné et le beau-frère de Philomèle; la navette qui parle est celle dont Philomèle, privée de la langue par un crime de Térée, se sert pour broder les caractères qui révéleront le crime à sa sœur Procné. Voyez Ovide, Métamorphoses, VI, 575; Welcker, livre cité, I, p. 379; Ahrens, livre cité, p. 341.

Les Cypriens.] Même sujet, selon Welcker, que l'Eurysacès de Sophocle : retour de Teucer à Salamine après la mort de son père Télamon, qui l'en avait exilé; on suppose que rentrant, sous un costume étranger, dans le palais de ses pères, il se trahit par ses larmes devant un tableau qui représentait Télamon. (Virgile a imité ce trait dans le Ier livre de l'Énéide.) Le chœur se composait sans doute de Cypriens, compagnons de Teucer. Voy. Ahrens, livre cité, p. 285.

Le Tydée et les fils de Phinée.] On ne sait rien de plus sur ces deux pièces que ce que nous en apprend Aristote. Il existait une pièce, probablement toute lyrique, de Timothée, sous le titre de Φινεῖδαι (Suldas).

C'est là que leur destin les attend.] C'est à peu près de même que l'Œdipe de Sophocle reconnaît, en arrivant dans le bourg de Colone, ce qu'il appelle « le mot d'ordre de sa destinée », ξυμφορᾶς ξύνθημ' ἐμῆς (v. 47).

L'Ulysse Faux-Messager.] On ne sait rien de plus sur cette pièce, dont l'auteur même est inconnu. Græfenhan suppose que ce pourrait bien être le Philoctète de Sophocle, cité sous un second titre, et il renvoie surtout aux vers 52, 68, 77, 104, 250, 261, 568.

Qu'Iphigénie veuille adresser une lettre.] Ἐπιθεῖναι. Exemple unique peut-être en ce sens; je ne trouve ailleurs que la forme moyenne de ce verbe : Hérodote, I, 111 ; III, 63 ; Athénée, IX, p. 465 D, cités par H. Estienne.

De toutes les obscurités qu'offre ce chapitre, des jugements que l'auteur y porte, et de la place qu'il occupe dans les développements relatifs à la tragédie, Ritter conclut qu'il n'est pas d'Aristote. Je ne relève pas toutes les décisions de ce genre que porte si facilement le même éditeur.

CHAPITRE XVII.

Se mettre à la place du spectateur.] Comparez la Rhétorique, III, 10, 11. — Dans le même ouvrage, II, 8, on retrouve le verbe συναπεργάζεσθαι, construit avec σχήμασι καὶ φωναῖς καὶ ἐσθῆτι.

Ce qui aurait le défaut contraire.] « Jusqu'aux moindres contrariétés, qui pourroient nous être échappées. » (Dacier.) Cette traduction offre un excellent sens ; mais ne suppose-t-elle pas ἀλλήλοις après ὑπεναντία ? J'avoue cependant que ce dernier mot est employé seul et dans ce sens absolu au chap. xxv.

Se placer dans la situation des personnages.] Dacier : « Que le poëte en composant imite les gestes et l'action de ceux qu'il fait parler. » Batteux : « Que le poëte soit acteur en composant. »

La sympathie, etc.] Même observation dans la Rhétorique, III, 7 ; cf. Physiognomonica, chap. iv ; Horace, Art poétique, v. 101-113 ; etc.

Nature facile.] Sur l'εὐφυΐα. Voy. Morale Nicom., III, 7 ; Topiques, VIII, 14.

Nature ardente.] Ἐκστατικοί, leçon qui répond bien à μανικοῦ et que confirme un texte des Problèmes, livre XXX, chap. 1. Bekker a conservé ἐξεταστικοί, qui paraît être dans tous les manuscrits sauf un, où Vettori avait lu ἐκστατικοί.

« L'heureux don d'être affecté fortement par les objets, et de pouvoir reproduire leur image absente ou évanouie,

est le fond même de l'imagination. La puissance de modifier
ces images pour en former de nouvelles, est encore indispensable ; sans quoi l'imagination serait captive dans le
cercle de la mémoire ; elle ne serait qu'une mémoire imagi-
native, comme on l'a dit, tandis qu'elle doit disposer à son
gré du passé, du réel et du possible. Tout cela est beaucoup
sans doute, et pourtant ce n'est point assez ; si le cœur ne
s'y ajoute, l'œuvre demeure imparfaite : le feu sacré n'y est
pas. Suffisait-il à Corneille d'avoir lu Tite-Live, de s'en représenter vivement plusieurs scènes, d'en saisir les traits
principaux et de les combiner heureusement pour faire la
tragédie des Horaces ? Il lui fallait en outre le sentiment,
l'amour du beau ; il lui fallait ce grand cœur d'où est sorti
le mot du vieil Horace. » (V. Cousin, Cours d'Hist. de la Phi-
los. mod., 1re série, t. II, leçon XIIe.)

Polyidus.] C'est le sophiste poëte dont il a été question
au chap. précédent. Diodore de Sicile, XIV, 46, le fait fleurir
dans la XCVe olympiade, et nous apprend qu'il était en
outre peintre et musicien.

Les épisodes.] D'Aubignac, Pratique du théâtre, III, 2,
commente et discute les préceptes d'Aristote sur ce sujet.
La Poétique de la Mesnardière, chap. v, mérite aussi d'être
comparée avec ce chapitre.

CHAPITRE XVIII.

Le Lyncée.] Voyez plus haut, chap. x.

Il y a quatre caractères, etc.] « Dacier, dit Batteux, regarde
cet endroit *comme le plus difficile peut-être de toute la
Poétique*. Ce qui le lui a rendu si difficile est le parti qu'il a
pris d'entendre ici par μέρη les parties de quantité d'une
tragédie, et par εἴδη les parties de qualité, ce qui effectivement n'est guère intelligible.... Μέρος signifie quelquefois les parties du genre ou l'espèce : Métaphysique, IV,
25 : τὰ εἴδη τοῦ γένους φασὶν εἶναι μόρια. » Batteux, dans
cette note, suit Vettori. p. 176, qui rappelle aussi le sens

qu'a le mot μέρος un peu plus bas dans ce même chapitre.

~ Les Ajax.] Sujet traité par Eschyle, par Sophocle, par Astydamas, par Théodecte. Voyez dans les Opuscules de Hermann, vol. VII, la dissertation De Æschyli tragœdiis fata Ajacis et Teucri complexis.

Les Ixion.] Sujet traité par Eschyle, par Sophocle, par Euripide et par Timésithée.

Les Phthiotides et le Pélée]. Deux tragédies de Sophocle.

Simple et une.] Le texte peut être complété de deux façons : 1° nous avons traduit d'après la leçon de Hermann et de Græfenhan : ὁμαλόν; Batteux avait lu ce mot dans un manuscrit de Paris ; — 2° Vahlen (1874) lit τερατῶδες au lieu de τέταρτον. Scaliger (Poétique, VII, 1, § 4) conjecturait déjà, d'après les titres de tragédies cités ensuite par Aristote, qu'il rangeait dans son quatrième genre les pièces dont les personnages et l'action ont quelque chose de surhumain.

Les Phorcides.] Tragédie dont l'auteur est inconnu. Voy. Eschyle, Prométhée, v. 793-797, et Sophocle, fragment 254 éd. Ahrens ; Welcker, Trilogie d'Eschyle, p. 381.

De l'enfer.] Protagoras, au témoignage de Diogène Laërce, IX, 55, avait composé un livre περὶ τῶν ἐν Ἅδου. Photius, Cod. 161, parlant des sujets compris dans la compilation du sophiste Sopater : περὶ θεῶν.... καὶ περὶ τῶν ἡρώων καὶ περὶ τῶν ἐν Ἅδου (περιείληφε). Cf. Polybe, VI, 56, à propos de la religion des Romains.

La prise de Troie.] Ἰλίου πέρσις, tel est le titre de quatre tragédies perdues, d'Agathon, d'Iophon, de Cléophon et de Nicomaque.—Ce qui suit dans le texte est fort obscur. Ἢ Μήδειαν, qui ne se trouve dans aucun manuscrit, a été inséré par les premiers éditeurs après Νιόβην. Hermann propose de lire ici le nom de Sophocle au lieu de celui d'Euripide, parce qu'on ne trouve aucune autre trace d'une Niobé d'Euripide, tandis qu'il y a des fragments de celle de Sophocle et de celle d'Eschyle (Opuscules, vol. III, p. 38). — Quant à l'observation qui concerne ce dernier poëte, je l'ai traduite dans le sens d'une allusion critique à la trilogie. Aristote a pu blâmer ces sortes de compositions, dont il y a

plusieurs exemp'es dans le théâtre d'Eschyle, où un seul sujet était traité en trois tragédies destinées au même concours (voy. plus Laut, sur le chap. iv). C'étaient en effet
comme de longues tragédies en trois actes. — Voy. sur la
trilogie de Niobé les Fragments d'Eschyle, p. 218, éd.
Ahrens. Tyrwhitt, suivi par Hermann, avait changé Νιόβην
en Ἑκάβην.

    Agathon.] Les deux vers de ce poëte sont cités textuelle-
ment dans la Rhétorique, II, 24.

    Le chœur.] Cf. Horace, Art poétique, v. 193 et suiv., et
nos extraits des Problèmes, XLVIII.

    Chez les autres, les chœurs,⸴ etc.] Τὰ διδόμενα, leçon des
manuscrits, peut à la rigueur s'expliquer. Mais la correction
déjà ancienne que nous adoptons, va beaucoup mieux au
sens; elle est d'ailleurs très-facile à justifier par la ressemblance de ΑΙ et de ΔΙ dans l'écriture onciale. Voyez Bast,
Commentatio palæographica, p. 719.

CHAPITRE XIX.

    A amplifier ou à diminuer.] Voy. la Rhétorique, II, 26.
    La représentation.] Διδασκαλίας. Voy. parmi les Opuscules
latins de Boettiger, p. 284 : Quid sit docere fabulam.

    Les figures.] Voy. la Rhétorique, II, 24 ; III, 8 et 10, et
remarquez que l'auteur n'entend pas ici σχήματα τῆς λέξεως
précisément dans le sens que les rhéteurs ont consacré plus
tard pour les *figures de pensée*, mais dans un sens plus général, à peu près comme Denys d'Halicarnasse (Sur Thucydide, chap. XXIII) dit : σχηματίζειν τὰς λέξεις.

    L'ordonnateur de cette partie du spectacle.] Voy. dans
la Politique, III, 11, et VII, 3, des exemples du mot ἀρχιτε-
κτονικός employé dans de sens général, ainsi que ἀρχιτέκτων.
Cf. Grande Morale, II, 7 : ἔχειν γραμματικήν, et Métaphysique, IV, 23.

    Protagoras.] Critique relevée aussi par le scholiaste de
Venise et par Eustathe, sur le 1ᵉʳ vers de l'Iliade.

CHAPITRE XX.

Ammonius, dans son commentaire sur le Traité d'Aristote περὶ Ἑρμηνείας, renvoie à ce chapitre de la Poétique, pour en tirer d'ailleurs des conclusions subtiles et fausses.

L'objet de notre travail sur la Poétique étant plus spécialement littéraire que grammatical, nous bornerons nos remarques sur ce chapitre et sur le suivant aux éclaircissements les plus indispensables pour la lecture du texte, et à quelques indications qui pourront guider le lecteur curieux de plus amples notions. C'est dans une histoire de la Grammaire qu'il convient de relever et de discuter en détail tant d'assertions, souvent obscures, et qui témoignent de l'état d'enfance où était encore, au temps d'Aristote, la théorie du langage. On pourra consulter sur ce sujet notre Apollonius Dyscole, Essai sur l'Histoire des Théories grammaticales dans l'antiquité, et les ouvrages cités dans les notes sur le chap. vii, § 1, des Notions élémentaires de Grammaire comparée (7ᵉ édit., 1874).

L'élément.] Στοιχεῖον est ordinairement opposé à γράμμα chez les grammairiens, comme l'élément vocal à son signe écrit. Voy. Aristote : Métaphysique, III, 3, V, 3, VII, 10 ; De l'Ame, II, 5 ; Topiques, IV, 5 ; VI, 5 ; cf. Sextus Empiricus, Contre les grammairiens, chap. v.

Sans articulation.] « Sans le secours d'aucune autre lettre » (Dacier.) Mais il est facile de voir que ce sens ne s'accommode pas avec ce qui suit. Toutefois je m'étonne de ne trouver dans les grammairiens aucun autre exemple de προσβολή avec le sens d'articulation.

Les formes que prend la bouche.] Voy. un commentaire de cette expression dans Denys d'Halicarnasse, De l'Arrangement des mots, chap. xiv.

Entre les deux.] Cf. Rhétorique, III, 1 ; Réfut. sophistiques, chap. xxi ; Topiques, I, 15. On pense généralement qu'Aristote a voulu parler ici de l'accent circonflexe. Voy. le traité d'Accentuation grecque que j'ai publié avec

M. Ch. Galusky, p. 4. Alexandre d'Aphrodise, dans son commentaire sur les Réfutations sophistiques, chap. ɪᴠ, à propos de la leçon τὸ μὲν οὐ καταπύθεται ὄμβρῳ, dans un vers d'Homère discuté ci-dessous, chap. xxv de la Poétique, prétend que par βαρεῖα Aristote entend la périspomène. Cela est peu probable. Voy. notre ouvrage sur Apollonius Dyscole, ch. ᴠɪɪɪ, § 1. Alexandre est réfuté au moins par le passage des Topiques, I, 15, où Aristote oppose comme ἐναντία l'ὀξύ au βαρύ.

Gr sans *a* n'est pas une syllabe.] Dans plusieurs mss. et éditions οὐκ ἔστι manque et ἀλλά est remplacé par καί, leçon qui peut à la rigueur s'entendre, et qui semble même répondre au texte suivant de la Métaphysique, XIV, 6 : Ἐπεὶ καὶ τὸ Ξ Ψ Ζ συμφωνίας φασὶν εἶναι καὶ ὅτι ἐκεῖναι τρεῖς καὶ ταῦτα τρία · ὅτι δὲ μύρια ἂν εἴη τοιαῦτα οὐδὲν μέλει · τὸ γὰρ Γ καὶ Ρ (c'est-à-dire *gr*) εἴη ἂν ἓν σημεῖον. En effet Aristote admet lui-même plus haut que les semi-voyelles comme *s* et *r* ont par elles-mêmes un son articulé et sensible.

La conjonction.] Voy. surtout Aristote, Rhétorique, III, 5 et 12 ; Problèmes, XIX, 20, p. 64 de cette édition ; Denys le Thrace, ch. xxv, avec ses commentateurs, et le traité spécial d'Apollonius, dans les Anecdota græca de Bekker, t. II.

Aux extrémités.] Τὰ ἄκρα. De même : Analytiques prem., I, 4 ; Métaphysique, X, 12.

Le nom.] Voy. Aristote, Du Langage, chap. ɪɪ et ɪɪɪ, et le ch. xxɪ de la Poétique.

Dans Théodore, *dore* n'a pas de sens.] Singulière observation, qui prouve combien s'était affaibli, sinon effacé, le sens des terminaisons dans les mots composés. On trouve chez Aristote des observations semblables dans le traité Du Langage, chap. ɪɪ et ɪᴠ. Voyez sur la finale δωρος dans les mots doubles de ce genre, les ingénieuses observations de Letronne sur les Noms propres grecs (Paris, 1846), IIᵉ partie.

Il marche.] Exemple familier à Aristote. Voy. : Rhétorique, III, 2 ; Réfut. sophistiques, chap. xxɪɪ ; Métaph. IV, 7 ; etc. Il en est de même du nom propre Cléon, cité plus bas. Voyez : Rhétorique, II, 2 ; III, 5 ; Réfut. sophistiques, chap. xxxii; Métaph. VI, 15; IX, 5; etc. (exemples réunis par Düntzer).

Le temps présent, le passé.] Voyez : Rhétorique, I, 3; Topiques, II, 4.

Le cas.] Πτῶσις. Lettre anonyme dans les Anecdota Oxon. de Cramer, tome III, p. 194 : Τοὺς τοιούτους ὀνομάτων μετασχηματισμοὺς πτώσεις εἴωθε καλεῖν ὁ Ἀριστοτέλης, ἀλλὰ καὶ ὁ (τὸ ?) ἀνεψιὸς καὶ ὁ αὐτανεψιὸς καὶ ὁ υἱοὺς καὶ ὁ ἀδελφιδούς. Cf. Denys le Thrace, chap. xiv et xv, et le commentaire.

L'oraison est une.] Rhétorique, III, 9 : λέξις εἰρομένη καὶ συνδέσμῳ μία; cf. III, 12. C'est exactement la doctrine qu'on retrouve dans le traité Du Langage, et que commente Ammonius dans un passage d'où Ritter conclut à tort contre l'authenticité de ce chapitre. — La comparaison de l'Iliade avec la définition de l'homme est aussi un exemple familier à Aristote; voir Analytiques post. II, 7, 10; cf. Métaphysique, VI, 12; Topiques, I, 4.

L. Lersch, dans son livre intitulé Sprachphilosophie der Alten (1840), t. II, p. 256-280, a défendu contre les critiques de Ritter l'authenticité de ce chapitre.

CHAPITRE XXI.

Emphatiques.] Nous adoptons la correction de Vahlen, bien que μεγαλεῖον n'ait nulle part le sens qu'il lui attribue ici. Ce sens pourrait d'ailleurs être tiré de la leçon des mss., μεγαλειωτῶν, en supposant un verbe μεγαλειόω, dérivé de μεγαλεῖος comme τελειόω dérive de τελεῖος, et dont μεγαλειωτός serait un adjectif verbal. — L'exemple renferme les noms des trois fleuves, Hermos, Caïcos et Xanthos. Cf. Ad. Regnier, De la formation et de la composition des mots dans la langue grecque (Paris, 1840), § 290-295.

D'ornement.] On s'étonne de ne rien trouver sur cette figure dans le reste du chapitre. Néanmoins, κόσμος, que Ritter suppose être une glose marginale, est assez justifié par deux passages du chap. xxii et par deux autres de la Rhétorique, III, 2 et 7.

Propre.] Cf. Longin, Du Sublime, chap. xxxiii, sur la

κυριολογία, et l'opuscule d'Hérodien περὶ Ἀκυρολογίας publié par Boissonade, Anecdota græca, vol. III, p. 262-270.

Sigynon.] Voy. sur ce mot : Hérodote, V, 9 ; Hésychius, et le Grand Étymologique.

La métaphore.] Comparez la Rhétorique, III, 2, 3, 10. On voit que ce mot avait, au temps d'Aristote, un sens plus général que celui que les rhéteurs lui ont donné dans la suite. Cf. Cicéron, De l'Orateur, III, 38.

Par proportion.] Voy. la Rhétorique, III, 4 et 11, où se retrouve le même exemple.

La coupe de Mars.] Expression qu'on trouvait dans le poëte Timothée. Voyez Athénée, X, p. 433 C.

Le coucher de la vie.] Expressions semblables dans : Platon, Lois, VI, p. 767 C ; Eschyle, Agamemnon, 1132 (1123); Alexis, cité par Stobée, CXVI, 19.

N'a pas d'analogue corrélatif.] Κείμενον. De même, Topiques, VI, 2 : κείμενα ὀνόματα. Dans ses morales, Aristote remarque souvent que tel ou tel caractère n'est désigné par aucun mot en usage, et qu'il est, par conséquent, ἀνώνυμος.

Semant la lumière.] Cf. Lucrèce, II, 211 : Sol lumine conserit arva.

La coupe sans vin.] Ἀλλ' ἄοινον, conjecture de Vettori, adoptée par Batteux, par Hermann et Ritter, et par l'éditeur des œuvres d'Aristote dans la bibliothèque Firmin Didot. Bekker a maintenu la leçon des manuscrits, ἀλλ' οἴνου, qu'il est bien difficile de justifier.

Le mot forgé.] Sur l'ὀνοματοποιΐα, voy. les Topiques, VI, 2 ; VIII, 2. Aristote a lui-même créé quelques mots, comme les adjectifs ἐκείνινος (Métaph., VI, 7 ; VII, 7) et φιλοτοιοῦτος (Morale Niccm., I, 8), et le célèbre substantif ἐντελέχεια.

Mots raccourcis.] Voyez Strabon, VIII, p. 364, qui donne plusieurs autres exemples de ce genre.

Neutres.] Τὰ μεταξύ. Le mot οὐδέτερος, dans ce sens, est d'un usage plus récent. Voy. Denys le Thrace, chap. XIV. Protagoras désignait les noms neutres par σκεύη.

Qui finissent par ν, ρ, σ.] Καὶ Σ manquent dans plusieurs manuscrits. Mais cette addition est nécessaire au sens de la remarque suivante sur ψ et ξ. Les manuscrits et les éditions qui emetttent καί portent en outre ἐχ τούτων ou ἐκ τούτου ἀφώνων, ce qui augmente la difficulté de ce passage. Cf., sur les lettres doubles, le dernier chapitre de la Métaphysique, cité plus haut, p. 115.

Qui peuvent s'allonger comme a.] Le grec est ici d'une concision difficile à justifier, mais, heureusement, assez facile à comprendre. La phrase complète serait : καὶ ὅσα εἰς τῶν ἐπεκτεινομένων τι, οἷον εἰς A.

Trois en ι.] Athénée, II, p. 66 F, en reconnaît un quatrième, χῦφι ou χοῖφι, mais qu'il déclare être d'origine étrangère, comme πέπερι et κόμμι. Σίνηπι ou Σίναπι est dans le même cas.

Cinq en υ.] Ajouter σίναπυ, variante de σίναπι, blâmée par les puristes de l'antiquité (Athénée, IX, p. 366 D). Νάπυ (non νᾶπυ) est l'accentuation prescrite par Arcadius, p. 118, 25.

CHAPITRE XXII.

D'être claire.] Même précepte dans la Rhétorique, III, 2. Cf. la Rhétorique à Alexandre, chap. xxv ; Aristide, Rhétorique I, 10, t. IX, p. 393, des Rhéteurs grecs de Walz.

Cléophon.] Déjà cité plus haut, chap. ii.

Sthénélus.] Mauvais poëte tragique qui était joué dans le Gérytadès d'Aristophane. Voy. le scholiaste sur les Guêpes, au v. 1312 ; Athénée, IX, p. 367 B ; X, p. 428 A.

De termes étrangers.] Voyez Quintilien, VIII, 3, § 59.

Une énigme.] Longin, dans les Fragments de sa Rhétorique, § 2, fait la même remarque, en s'appuyant de l'autorité d'Aristote. Avait-il en vue ce passage de la Poétique, ou bien la Rhétorique, III, 2? (cf. II, 21). Voyez ma note sur le passage cité de Longin.

Par la composition des mots.] Ὀνομάτων σύνθεσις a-t-il ici le même sens que dans le traité de Denys d'Halicarnasse περὶ Ὀνομάτων συνθέσεως, ou celui de *formation des mots composés !* Ce second sens est plus probable, parce qu'il ressemble moins que l'autre à une naïveté ; mais alors Aristote ne s'accorde pas avec d'autres auteurs anciens, qui reconnaissent que le *griphe*, espèce d'énigme, peut consister en un seul mot composé. Voy. Athénée, X, p. 448, et comparez Démétrius, Sur le Style, § XCII.

J'ai vu, etc.] Exemple rappelé dans la Rhétorique, III, 2, et cité avec un vers de plus dans Athénée, X, p. 452 C. Comparez Celse, De Medicina, II, 11.

Le barbarisme.] Voy. les opuscules περὶ Σχημάτων publiés par Valckenaër à la suite de son édition des Synonymes grecs d'Ammonius, p. 184-204; les deux petits traités sur le Barbarisme et le Solécisme, publiés par Boissonade, Anecdota græca, vol. III, p. 229-240; et les Anecdota de Bekker, p. 1270.

Comme un mélange.] Κεκρᾶσθαι. Cf. Denys d'Halic, Sur Démosthène, chap. III : Κέκραται γὰρ εὖ πως (ἡ λέξις) καὶ αὐτὸ τὸ χρήσιμον εἴληφεν ἑκατέρας δυνάμεως.—Des manuscrits portent κεκρίσθαι. Le choix ne peut être douteux entre ces deux variantes. Toutefois, il ne faut pas confondre le style que caractérise ici Aristote avec ce que les rhéteurs ont appelé plus tard κεκραμένη διάλεκτος, qui n'est autre que le *genre tempéré*. Voy. Denys d'Halic., livre cité, et Jugement sur les philosophes : Οὐδὲ παραλείπουσι τὴν σαφήνειαν, ἀλλὰ κεκραμένη τῇ διαλέκτῳ χρώμενοι.

Les ornements.] Voyez plus haut, p. 115 et comparez Quintilien, VIII, 3, § 61.

Euclide l'ancien.] C'est peut-être le célèbre Euclide, chef de l'École de Mégare, qui paraît avoir eu peu de goût pour la poésie, et dont Diogène Laërce (II, 109) atteste les dissentiments avec Aristote. Cependant ἰαμβοποιήσας, pour κωμῳδήσας, indiquerait plutôt un poète comique qu'un philosophe. En effet, un Euclide, poète comique, paraît être cité deux fois dans Pollux. Voyez Meineke, Hist. crit., p. 269.

Quand j'ai vu, etc.] Je suis une conjecture de Düntzer, note 175 de sa Défense de la Poétique. Le même savant (note 176) propose de lire au vers suivant : κεράμενος, en faisant la première syllabe longue; en faisant de ἐλλέβορον quatre longues, on aura ainsi un mauvais hexamètre, plein des ἐκτάσεις dont se moquait Euclide. Sur les licences analogues dans la versification française, voyez le traité de M. L. Quicherat, livre I, chap. VIII.

Dans un vers.] Sur ce sens général du mot ἔπος, voir le scholiaste de Denys le Thrace, p. 751, et le scholiaste d'Aristophane, sur les Fêtes de Cérès, v. 412.

Eschyle et Euripide.] Dans leurs Philoctète. Voy. Dion Chrysostome, Disc. LII, LIII, sur les trois Philoctète d'Eschyle, de Sophocle, d'Euripide; et la dissertation spéciale de Hermann, t. III de ses Opuscules. — Dans le vers d'Eschyle, on ne peut guère hésiter à lire avec Hermann φαγέδαιναν à l'accusatif, au lieu de φαγέδαινα que donnent les manuscrits, cette correction complétant si facilement un vers ïambique.

Ariphradès.] Personnage inconnu d'ailleurs.

Les mots doubles conviennent, etc.] Observations analogues dans la Rhétorique, III, 3. Cf. Problèmes, XIX, 15 et 28, p. 66 de cette édition; Démétrius, Sur le Style, § XCI; Proclus, Chrestomathie (dans Photius, cod. 239), chap. XIV.

C'est probablement à ce chapitre XXII⁰ que le Tasse fait allusion, lorsqu'il dit (Lettres poétiques, 15 juin 1575) qu'Aristote ne mentionne pas plus l'allégorie, dans sa Poétique et dans ses autres ouvrages, que si elle n'avait jamais existé. Ce silence du grand philosophe tourmente fort l'auteur de la Jérusalem délivrée; il craint d'y voir une condamnation tacite de ce genre d'ornement poétique. Puis il se console par l'idée que, l'ouvrage d'Aristote étant incomplet, peut-être celui-ci avait parlé ou du moins avait voulu parler ailleurs de l'allégorie. (Cf. la Lettre du 4 octobre 1575.) Mais l'allégorie, et en général le merveilleux, ne devaient pas, aux yeux d'Aristote, faire partie de l'art : ils formaient le fond même de la mythologie païenne. La foi populaire les fournissait au poëte, qui n'avait ici rien à inventer, mais seulement à choisir.

CHAPITRE XXIII.

Un ensemble dramatique.] Comparez, plus haut, le chapitre viii, et, pour plus de détails, les auteurs analysés par Goujet, Bibliothèque française, t. III, p. 153-180. Les controverses modernes ont entièrement renouvelé ce sujet. Voyez : Villemain, Littérature du moyen âge, xiᵉ leçon, et Littérature du xviiiᵉ siècle, Irᵉ partie, viiiᵉ leçon; Sainte-Beuve, Portraits contemporains et divers, t. III : Homère, Apollonius de Rhodes; Fauriel, Histoire de la Poésie provençale (Paris, 1846); etc.

Le combat naval de Salamine, etc.] Voy. des exemples analogues de synchronisme dans : Hérodote, VII, 166; Plutarque, Questions symposiaques, VIII, 1; Diodore, XI, 24, et le fragment 137ᵉ de l'historien Timée.

Ramener à une juste mesure, etc.] Après μετριάζοντα on attendait ποιεῖν, ἅτε. Mais telle est la concision habituelle du style d'Aristote qu'il n'est peut-être pas nécessaire de supposer ici une altération du texte par la faute des copistes.

Il a employé beaucoup d'épisodes.] Ἐπεισοδίοις κέχρηται αὐτῶν πολλοῖς. « Pronomen αὐτῶν adhuc explicare nemo ita potuit, ut linguæ græcæ legibus satisfaceret. Victorius et Hermannus belli Trojani partes ab Homero omissas designari putant, sed id quo modo fieri possit neuter explicuit. Hermannus auctoris negligentiam agnoscit; alii conjecturis sanare locum tentaverunt. Mihi hæc vox plane supervacua casu illata videtur esse : nimirum adversus ἀπολαβών in margine aliquis posuit αὐτῶν, isque intellexit μερῶν τοῦ πολέμου, ex præcedente ἓν μέρος, ut ne lectorem fugeret quo ἀπολαβών referendum esset. » (Ritter.)

Le catalogue des vaisseaux, etc.] Voici sur ce sujet une curieuse observation du Tasse, à propos de quelques stances de son quatrième chant, qu'on lui avait reprochées comme suspendant d'une manière désagréable l'action du

poëme : « Che cinque o sei stanze si spendino fuor dell' azione
principale e senza parlar punto di lei, non veggio come
possa parere strano a coloro, i quali mettono la favola dell'
Iliade non nella guerra Trojana, ma nell' ira d'Achille, e
che credono esser vero quello che dice Aristotile, che i due
cataloghi, l'un de' quali segue all' altro, siano episodi nell'
Iliade; ch'episodi essi non sarebbono, se la guerra Trojana
fosse la favola, oltre molte altre ragioni, che ciò provano,
delle quali ne' miei Discorsi : perchè se così è, sta talora
per molti libri intieri sospesa nell' Iliade la favola principale. » (Lettere poetiche, 14 mai 1575.)

Les chants Cypriaques, etc.] Voyez sur ces poëmes, qui
faisaient partie du Cycle épique, outre les ouvrages déjà
cités, celui de Welcker, Der epische Cyclus.

Un ou deux sujets de tragédies.] Aristote veut dire que
chacun de ces deux poëmes pourrait être resserré en une
tragédie ou tout au plus divisé de manière à former deux
tragédies (ce que Dacier montre bien dans ses Remarques);
autrement il serait contredit par l'histoire même du théâtre
grec, où l'on peut signaler encore aujourd'hui, après tant
de pertes, plusieurs tragédies tirées de l'Iliade, plusieurs
tirées de l'Odyssée. De l'Iliade : Les Myrmidons, les Néréi-
des, les Phrygiens ou la Rançon d'Hector, la Psychostasie,
d'Eschyle; les Phrygiens et le Chrysès, de Sophocle; le
Rhésus d'Euripide; peut-être aussi le Bellérophon du même
poëte, puisque cette histoire se trouve racontée dans l'Iliade.
De l'Odyssée : les Convives, la Pénélope, la Circé, d'Eschyle;
la Nausicaa et les Phéaciens, drames satyriques de Sophocle, lequel, même, selon la remarque de son biographe
anonyme, « transcrit l'Odyssée dans beaucoup de ses drames »; enfin le Cyclope d'Euripide, drame satyrique. Tout
cela sans parler des tragiques du second ordre. Mais la différence qu'il y avait à cet égard entre les deux poëmes
d'Homère et les autres poëmes du Cycle épique, c'est que
les deux premiers ne fournissaient que d'une façon très-som-
maire les sujets de tragédie développés par Eschyle, Sophocle et Euripide; tandis que les autres épopées, ayant moins
d'unité, se décomposaient naturellement et sans peine en

plusieurs tragédies. Cela ressort très-bien de l'exemple donné
plus bas par Aristote : les sujets traités dans les huit ou dix
tragédies qu'il cite, se succédaient, sans se tenir par le lien
d'une véritable action dramatique, et avec des développements à peu près égaux, dans les poëmes où les auteurs
tragiques les avaient pris pour les mettre sur la scène. Ces
réflexions montrent, je pense, comment la fin de ce chapitre
se rattache au commencement. Ritter essaye vainement de
mettre en doute l'authenticité des dernières lignes depuis
Τοιγαροῦν jusqu'à Τρῳάδες.

Plus de huit.] Il ne faut donc pas s'étonner, comme fait
Ritter, si l'on trouve ci-dessous neuf ou dix titres de tragédies.

Le Jugement des armes.] Sujet traité par Eschyle, et d'a-
près lui, en latin, par Accius et par Pacuvius. Voy. Hermann, Opuscules, VII, p. 362.

Néoptolème.] Sujet traité par Sophocle, sous le titre des
Scyriens ou des Scyriennes, et par Nicomaque.

Eurypyle.] Eurypyle, fils de Télèphe, allié des Troyens,
fut tué par Néoptolème devant Troie (Petite Iliade, livre II,
selon l'analyse de Proclus). On ignore quel poëte avait tiré
de ce sujet la matière d'une tragédie.

Le Mendiant.] En grec, la Mendicité. Ulysse s'introduisant
dans Troie sous le costume d'un mendiant, reconnu par Hélène, réussissant, par son secours, à s'échapper pour revenir avec Diomède enlever le Palladium : tel est le sujet de
cette pièce, dont l'Odyssée (IV, 252-264 ; cf. Euripide, Hécube, v. 239) pouvait aussi fournir le plan. On ne sait
pas par quel auteur elle avait été traitée, ni même si le
mot Πτωχεία en est le titre ou en indique seulement le
sujet.

Les Lacédémoniennes.] Ce n'était peut-être que la dernière partie de l'épisode précédent, où les servantes de la
suite d'Hélène aidaient Ulysse et Diomède dans l'enlèvement
du Palladium. Sophocle avait composé sous ce titre une
pièce dont il ne reste que trois courts fragments.

La prise de Troie et le départ.] Peut-être faut-il voir
là deux titres distincts. Sur le premier, voyez plus haut,

p. 112. L'Hécube et les Troyennes d'Euripide peuvent donner une idée du sujet de ces tragédies.

Sinon.] Sujet traité par Sophocle. L'Épéus d'Euripide devait offrir à peu près la même fable, Épéus étant l'artiste qui fabriqua le fameux cheval de bois; par conséquent cet épisode, comme aussi sans doute celui des Troyennes, qui termine l'énumération d'Aristote, devrait être placé avant la Prise de Troie. Les trois dernières tragédies peuvent d'ailleurs se rapporter aussi bien à l''Ιλίου πέρσις d'Arctinus, qui faisait également partie du Cycle. Il n'est pas inutile de remarquer que l'auteur n'épuise pas ici l'énumération des pièces qui se rattachaient à la Petite Iliade; par exemple, il omet la folie et la mort d'Ajax, dont Sophocle a tiré un de ses chefs-d'œuvre. Voy., pour plus de détails, le livre de Welcker, Tragédies grecques dans leur rapport avec le Cycle épique.

CHAPITRE XXIV.

Homère.... le premier.] Aristote a restreint lui-même, plus haut, chap. IV, ce que cette assertion aurait de trop rigoureux.

Les anciens poëtes.] Les poëtes dramatiques apparemment, puisque Aristote ne connaît pas d'épopée antérieure à l'Iliade et à l'Odyssée, et que celles-ci lui paraissent des modèles du genre. A moins toutefois qu'il ne lui vienne ici un scrupule à l'esprit sur l'étendue des deux épopées homériques, qui, en effet, ne pourraient guère être lues d'une seule haleine, quoi qu'en dise le savant Dacier. La mesure qu'il détermine ensuite nous laisse dans le doute à cet égard. Si dans les anciens concours trois concurrents présentaient chacun trois tragédies (sans parler des drames satyriques), le total de ces tragédies devait égaler à peu près l'Iliade en longueur; d'un autre côté, en admettant que l'usage des trilogies dramatiques fût aboli au temps d'Aristote, mais qu'il y eût cinq concurrents, cela ferait environ 8000 vers pour un seul concours. Encore reste-t-il à savoir si, dans les Dionysiaques, les représentations tragiques n'étaient pas réparties entre plusieurs journées. Aristote parle évidemment pour des gens qui savaient toutes ces choses. Ce n'est peut-être pas sa faute si nous le comprenons si difficilement aujourd'hui. Voyez, sur les questions que soulève ce texte, les auteurs cités plus haut sur le chap. VII. Dacier et Batteux n'en ont pas vu toute la difficulté. Cf. les Prolégomènes de Wolf sur l'Iliade, p. CX-CXII.

De grands effets.] Sur la μεγαλοπρέπεια, voy. Démétrius, Sur le Style, § XXXVIII-XLIX ; Longin, Du Sublime, VIII, § 3 ; et comparez Aristote, Rhétorique, III, 6 et 12.

Changer les émotions et varier les épisodes.] Observation semblable dans la Rhétorique, I, 11.

Le vers héroïque.] Voyez la Rhétorique, III, 3 et 8 ; Horace, Art Poétique, v. 74 et suiv.

Le plus plein.] Ὀγκωδέστατον. Voyez Démétrius, Sur le Style, § CLXXVII : Τὸ ὀγκηρὸν ἐν τρισίν, πλάτει, μήκει, πλάσματι, etc.

Celui-ci convient à la danse.] C'est le tétramètre trochaïque. Voyez plus haut, chap. IV, et la Rhétorique, III, 1 et 8 : Ἔστι γὰρ τροχερὸς ῥυθμὸς τὰ τετράμετρα.

Après quelques mots d'entrée.] Φροιμιασάμενος pour προοιμιασάμενος (cf. Rhétorique, III, 14), par une contraction et un effet d'aspiration analogue à τερθεύρομαι pour τερατεύομαι, Topiques, VIII, 1.

L'incroyable.] Mot à mot : le déraisonnable, τὸ ἄλογον, comme plus haut, chap. XV. Cf. Rhétorique, III, 17 : Εἴ τι ψεύδεται ἐκτὸς τοῦ πράγματος.

La poursuite d'Hector.] Un critique ancien, Magaclide, cité par le scholiaste de Venise sur ce passage de l'Iliade, en blâme aussi l'invraisemblance. — Le Tasse relève ici une lacune importante dans les observations d'Aristote, et il essaye de la justifier. Dans ses Discorsi dell'arte poetica, I, p. 19, éd. 1804, après avoir marqué la différence qui, selon lui, doit exister entre les héros épiques et les héros tragiques : « Dalle cose dette può esser manifesto, che la differenza ch'è fra la tragedia e l'epopeia non nasce solamente della diversità degl' instrumenti e del modo dell' imitare, ma molto più e molto prima della diversità delle cose imitate, la qual differenza è molto più propria, è più intrinseca, e più essenziale dell' altre; e se Aristotile non ne fà menzione, è perchè basta a lui in quel luogo di mostrare che la tragedia e l'epopeia siano differenti, e cio abbastanza si mostra per quelle altre due differenze, le quali a prima vista sono assai più note, che questa non è. »

Mentir comme il convient.] Aristote donne de même, dans la Rhétorique, I, 1 et 15, des règles pour soutenir le pour et le contre sur la même thèse; ce qui ne l'empêche pas dans la Morale à Nicomaque, IV, 13, de condamner formellement le mensonge. Cf. la Métaphysique, IV, 29; les Pensées de Platon de V. Le Clerc, p. 537, 538; Pindare, Néméenne VII, v. 22.

Par un faux raisonnement.] Παραλογισμός. Rhétorique, II, 22 : Παραλογίζεται ὁ ἀκροατὴς ὅτι ἐποίησεν ἢ οὐκ ἐποίησεν οὐ δεδειγμένου. Comparez plus haut, chap. xvi.

Si le premier fait est faux, etc.] Passage très-obscur; le texte des mss. est évidemment corrompu aux mots : διὸ δή, ἄλλου δέ (on lit aussi ἄλλ' οὐδέ et ἄλλο δέ), ἢ προσθεῖναι. Nous avons adopté les conjectures de Vahlen, qui permettent au moins de voir un sens raisonnable dans la phrase d'Aristote; pour la construire grammaticalement, il faudrait, en outre, lire, avec Bonitz, δεῖ, pour δή; mais il resterait encore à expliquer προσθεῖναι. Nous n'avons pas tenu compte dans la traduction des trois mots : διὸ δεῖ (ou δή) προσθεῖναι, qui restent obscurs, même dans le texte de Vahlen. — Dacier et Batteux ne s'inquiètent que du raisonnement même d'Aristote, sans songer aux difficultés que présente le texte même. Quant à l'exemple que cite Aristote, Dacier le croit interpolé; il l'interprète de travers, après avoir lui-même choisi d'autres exemples dans Homère. Batteux, dans ses Remarques, ne parle pas même de cet exemple, et il en donne un autre, qui est de l'invention d'Heinsius. Ils n'ont pas observé que les Νίπτρα, déjà cités au chap. xvi, ne comprennent pas seulement le court incident du *bain* d'Ulysse, mais tout ce qui s'y rattache dans le **XIXe** chant de l'O-

dyssée. Or, dans sa première entrevue avec Pénélope,
Ulysse, sous le faux nom d'Æthon et sous les habits d'un
mendiant, se donne pour un guerrier qui a vu Ulysse à la
guerre de Troie, et il décrit l'extérieur de ce héros : là-
dessus Pénélope fait le *faux raisonnement* dont notre philosophe a loué Homère. Hermann explique très-bien cette
allusion, et par là même il justifie l'authenticité des mots
παράδειγμα, etc., qui manquent dans plusieurs manuscrits.
Vettori, qui les connaissait, sans les avoir insérés dans son
texte, n'y devinant aucun rapport avec la scène de la
reconnaissance d'Ulysse par Euryclée, supposait qu'il pouvait bien être question d'une pièce de Sophocle, intitulée
aussi Νίπτρα. — Sur ἐκ τῶν Νίπτρων, au lieu de ἐν, comparez dans la Rhétorique, II, 23, et III, 16, des locutions
analogues.

Le muet qui vient de Tégée.] C'est Télèphe lui-même,
le principal héros de cette tragédie, qui était parodié,
à ce propos sans doute, par Alexis, dans son Parasite.
Voyez Athénée, X, p. 421 D. Télèphe expiait par un
silence volontaire le meurtre de ses deux oncles. Voyez
Hygin, Fables 100 et 244. Cf. Eschyle, Euménides, v.
421 (ou 446).

Si la fable a été faite ainsi.] Ἂν δὲ θῇ, expression aristotélique : voyez les Topiques, VIII, 1.

Homère adoucit et efface.] Ἀφανίζει ἡδύνων. Rhétorique, III, 17 : ἐκκρούουσι γὰρ αἱ κινήσεις ἀλλήλας αἱ ἅμα καὶ
ἢ ἀφανίζουσιν ἢ ἀφανεῖς ποιοῦσι.

CHAPITRE XXV.

Voici encore un chapitre évidemment incomplet, et cependant si plein de minutieux détails, qu'il faudrait bien
des pages pour le commenter, si je ne me bornais aux expli-
cations les plus nécessaires. Quant au caractère général des
problèmes qui y sont discutés, voy. l'Essai sur l'Histoire de

la Critique, p. 123, où je crois avoir montré combien de subtilités puériles se mêlaient à l'érudition d'Aristote et à sa philosophie.

Les problèmes et les solutions.] Προβλήματα ou ἀπορίαι, et λύσεις, expressions consacrées dans les écoles grecques depuis Aristote, et qu'on retrouve à chaque page des commentaires Alexandrins extraits par le scholiaste de Venise. Voyez Wolf, Prolegomena, p. xcv; Lehrs, de Aristarchi studiis Homericis, p. 200-229; Schœll, Hist. de la Litt. gr., tome IV, p. 35; Bojesen, Préface de son édition du XIXᵉ livre des Problèmes.

Cette imitation se fait par l'élocution.] Rhétorique, III, 1 : Τὰ γὰρ ὀνόματα μιμήματά ἐστιν, ὑπῆρξε δὲ καὶ ἡ φωνὴ πάντων μιμητικώτατον τῶν μορίων ἡμῖν.

Si l'intention est bonne.] Μὴ ὀρθῶς, leçon des manuscrits. La correction μὲν suffit pour donner un sens raisonnable. Ἔχει est sous-entendu après ὀρθῶς.

Lever les deux pieds droits en même temps.] Προβεβληκότα offre un sens raisonnable; mais προβαίνειν paraît être le mot propre en pareil cas. Aristote, Sur la Marche des Animaux, chap. xiv : προβεβηκότα (ζῷα) κατὰ διάμετρον καὶ οὐ τοῖς δεξιοῖς ἢ τοῖς ἀριστεροῖς ἀμφοτέροις ἅμα.

Le but de cet art.] Après avoir cité cette remarquable observation, M. V. Hugo en a judicieusement rapproché (Préface de Cromwell, à la fin) une pensée de Boileau : « Ils prennent pour galimatias tout ce que la faiblesse de leurs lumières ne leur permet pas de comprendre. Ils traitent surtout de ridicules ces endroits merveilleux où le poëte, afin de mieux entrer dans la raison, sort, s'il faut parler ainsi, de la raison même. Ce précepte effectivement, qui donne pour règle de ne point garder quelquefois de règles, est un mystère de l'art qu'il n'est pas aisé de faire entendre à des hommes sans aucun goût..., et qu'une espèce de bizarrerie d'esprit rend insensibles à ce qui frappe ordinairement les hommes. » (Discours sur l'Ode.) Boileau, il est vrai, ne parle pas tout à fait aussi nettement que le laisserait croire cette habile citation.

Une biche n'a point de cornes.] Erreur signalée dans Homère, Iliade, XV, 271; Pindare, Olympique, III, 52; Callimaque, Hymne à Diane, v. 102. Scaliger, Poétique, III, 4, prétend les justifier par l'exemple d'une biche à cornes, récemment observée en France. Comparez Élien, Hist. des Animaux, VII, 39. On trouve une faute analogue dans Aristophane, Nuées, v. 150, où le scholiaste la relève. « On prétend aussi qu'il se trouve des biches qui ont un bois comme le cerf, et cela n'est pas absolument contre toute vraisemblance. » (Buffon.)

De l'avoir mal peinte.] Ἀμιμήτως. Les anciennes éditions portent κακομιμήτως, qui n'est guère qu'un synonyme. Aristote emploie volontiers ces sortes d'adverbes : ὑπερβεβλημένως, Morale Nicom., III, 13; πεπλασμένως et πεφυκότως, Rhét., III, 2; συνεστραμμένως, συμπερασματικῶς, ἀντικειμένως, Rhét., II, 24; ἀφωρισμένως, Catégories, ch. x; etc.

Euripide.] Εὐριπίδην pour Εὐριπίδης, est une conjecture de Heinsius.

Comme pensait Xénophane.] Ma traduction suppose une virgule après ἔτυχεν, et dispense de toute conjecture. Ritter lit ὡς παρὰ Ξενοφάνει, quelques manuscrits portant en effet ὥσπερ Ξενοφάνει. On ne sait pas à quelle doctrine de Xénophane il faut rapporter ces allusions. Ce qui est certain, c'est que Xénophane traitait avec mépris les opinions populaires sur la divinité.

Leurs lances, etc.] Sur cet exemple et sur les autres exemples tirés d'Homère, les problèmes que soulève Aristote se retrouvent presque tous dans les anciens commentateurs, et particulièrement dans le scholiaste de Venise, qui contient de si nombreux extraits des études d'Aristote sur Homère. — Voy. aussi notre Essai sur l'Histoire de la Critique, p. 123 et suiv.

Les Illyriens.] M. Albert Dumont, dans son ouvrage sur Le Balkan et l'Adriatique (1873), chap. v, a fait de nombreux rapprochements entre les mœurs homériques et celles des Illyriens modernes ou Albanais.

Les mulets.] Cf. Iliade, X, 84 et le scholiaste.

Verse du vin.] Cf. Plutarque, Questions symposiaques, V, 4.

Tous est ici par métaphore.] Au vers cité par Aristote, le texte d'Homère qui nous est parvenu porte ἄλλοι, au lieu de πάντες; on sait que ce texte est le résultat d'un long travail de récension commencé à Alexandrie, postérieurement à Aristote. Le mot πάντες avait peut-être été substitué à ἄλλοι par quelques-uns de ces grammairiens qui faisaient métier de procurer à leurs confrères des problèmes à résoudre. Voy. les scholies de Venise sur l'Iliade, XX, 269-272; XXIV, 418; et cf. X, 372.

La plus connue des constellations qui ne se couchent jamais.] Une scholie de Venise donne une interprétation plus simple que celle d'Aristote : « la seule des constellations nommées dans ce passage d'Homère. »

Δίδομεν δέ οἱ.] Même discussion dans les Réfutations sophistiques, chap. IV.

Τὸ μὲν οὐ καταπύθεται ὄμβρῳ.] Il s'agit, dans le texte de l'Iliade, d'un tronc d'arbre desséché « qui pourrit *là* », si on lit οὗ, génitif marquant le lieu, ou bien « qui ne pourrit pas », si on lit οὐ, négation.

Empédocle.] Voy. Athénée, X, p. 424 A ; Plutarque, Questions symposiaques, V, 4 ; Simplicius, sur Aristote, Du Ciel, I, p. 507 de l'éd. des Scholies par Brandis. — Aristote a remarqué dans la Rhétorique, III, 5, que les écrits d'Héraclite étaient « difficiles à ponctuer ». Il y avait donc une *ponctuation* dans les manuscrits dès cette époque, où cependant on n'en voit pas la moindre trace sur les inscriptions ; et Aristophane de Byzance n'est pas l'*inventeur* de la ponctuation : il n'a fait qu'en mieux déterminer les signes et les règles.

Ouvrier en airain, etc.] Même observation, sans nom d'auteur, dans le scholiaste de l'Iliade, XIX, 283.

Le javelot d'airain, etc.] On lit dans le texte d'Homère μείλινον au lieu de χάλκεον. Au reste, cet hémistiche fait partie de quatre vers (269-272) que le scholiaste signale comme interpolés ὑπό τινος τῶν βουλομένων πρόβλημα ποιεῖν.

Glaucon.] Voyez Aristote, Rhétorique, III, 1, et Platon, Ion, p. 530.

Icarius.] Strabon, X, p. 708, et le scholiaste de l'Odyssée, I, 285, donnent une autre explication de la conduite de Télé-

maque : c'est que Pénélope était en mésintelligence avec
son père et sa mère. Cf. Odyssée XIX, 158. Toutes ces excu-
ses sont peu satisfaisantes.

Zeuxis.] Sur son procédé d'imitation, voyez le passage
classique de Cicéron, De l'Invention, II, 1, commenté par
Victorinus, p. 119 des scholiastes de Cicéron, éd. Orelli.
Cf. O. Müller, Manuel d'Archéologie, § 137.

Égée.] Peut-être Aristote désigne-t-il ici le rôle d'Égée
dans la Médée d'Euripide, v. 663-755, ce qui est l'opinion de
Ritter; peut-être veut-il parler de la manière dont Médée
traitait Égée dans la pièce d'Euripide qui portait ce dernier
nom. Voy. Welcker, livre cité, p. 729. Le sujet de cette pièce
est exposé dans : Apollodore, Bibliothèque, I, 9, 28; Pausanias, II, 3, 7; le scholiaste de l'Iliade, XI, 741 ; cf. Plutarque, Vie de Thésée, chap. xii, et les Fragments des Tragiques, p. 621-624 de l'éd. Wagner.

Douze.] Ce compte est bien difficile à retrouver dans le
texte tel qu'il nous est parvenu. Les six premiers *lieux
communs* de solutions se distinguent assez nettement, comme
on verra par la traduction française. Quant aux six autres,
Ritter les rapporte : 1° aux mots étrangers, 2° à la métaphore, 3° à l'accent, 4° à la ponctuation, 5° à l'ambiguïté
des termes, 6° à l'usage, et il compare fort à propos cette
fin du chapitre xxv avec le chapitre iv des Réfutations
sophistiques ; ce qui ne l'empêche pas de regarder tout ce
chapitre xxv comme une interpolation.

CHAPITRE XXVI.

La moins chargée.] Ἧττον φορτική. « Celle qui se fait avec
le moins d'embarras. » (Racine.) — Cf. Politique, VIII, 5 : Οἱ
μὲν φορτικωτέρας ἔχουσι τὰς κινήσεις, οἱ δὲ ἐλευθεριωτέρας;
ibid., 6, fin : ἀρετή est opposé à φορτικὴ ἡδονή; ibid., 7 :
Θεατὴς διττός· ὁ μὲν ἐλεύθεος καὶ πεπαιδευμένος,... ὁ δὲ φορ-
τικὸς ἐκ βαναύσων καὶ θητῶν καὶ ἄλλων τοιούτων συγκείμε-
νος. Ce sens du mot φορτικός se trouve déjà dans Platon.

Des gens meilleurs.] La déclamation et l'action théâtrale

semblent donc à Aristote des moyens grossiers de produire l'intérêt. Voyez plus haut la fin du chap. vi et le commencement du chap. xiv. Il se plaint ailleurs (chap. xiii) du mauvais goût des auditeurs. Cette plainte a été souvent renouvelée depuis. « J'avouerai, dit Lopez de Véga, que j'ai travaillé quelquefois (*cinq ou six fois*, dit-il plus bas, sur 483 comédies) selon les règles de l'art. Mais quand j'ai vu des monstres spécieux triompher sur notre théâtre, et que ce triste travail remportait les applaudissements des dames et du vulgaire, je me suis remis à cette manière barbare de composer, renfermant les préceptes sous clef toutes les fois que j'ai entrepris d'écrire, et bannissant de mon cabinet Térence et Plaute, pour n'être pas importuné de leurs raisons.» (Livre cité, p. 249.) On peut voir dans la Poétique de La Mesnardière (préface) avec quel mépris un pédant du xviie siècle traitait le public des théâtres. D'Aubignac, plus poli que La Mesnardière, avoue qu'il écrit « pour faire connaître au peuple l'excellence de l'art des poëtes et pour lui donner sujet de les admirer, en lui montrant combien il faut d'adresse, de suffisance et de précautions pour achever des ouvrages qui ne donnent à nos comédiens que la peine de les réciter et qui ravissent de joie ceux qui les écoutent. » (Pratique du théâtre, I, 2.) On peut comparer encore Gravina, Della Ragione poetica, I, 14 : del Giudizio popolari.

Pirouettent.] Κυλίεσθαι pour κυλίνδεσθαι. Voyez d'autres exemples : Politique VI, 4; Histoire des Animaux, V, 19; Questions de mécanique, chap. viii.

La Scylla.] Voyez plus haut, chap. xv.

Myniscus.] Ou Mynniscus, de Chalcis, acteur célèbre, sur lequel on trouve un témoignage de Platon le comique dans Athénée, VIII, p. 344 E. L'auteur anonyme de la Vie d'Eschyle, le cite, en altérant son nom, comme un des acteurs employés par ce poëte.

Callippide.] Voyez Xénophon, Banquet, III, 11; Athénée, XII, p. 531 D; etc.

Pindarus.] Acteur sur lequel il n'existe aucun autre témoignage. Harles, d'après Sylburg et Batteux, propose de lire Τινδάρου. Ritter : Θεοδώρου, nom d'un acteur cité par

Aristote (Rhét., III, 2), et par Plutarque (Si un vieillard doit s'occuper du gouvernement de l'État).

En récitant des chants épiques.] 'Ραψωδοῦντα. Comparez la Rhétorique, III, 1. Aristote ne semble pas ici bien d'accord avec lui-même ; car, plus bas, il distingue l'épopée de la tragédie, en ce que la première n'a point de mise en scène ni de musique. Cf. plus haut, p. 70. Sur la rhapsodie, voyez Denys le Thrace, chap. vi, et ses commentateurs.

Sosistrate et Mnasithée.] Personnages inconnus d'ailleurs.

En chantant.] Διᾴδοντα désigne plus spécialement un dialogue chanté, ou une lutte entre deux chanteurs. Voyez Théocrite, V, 22 ; et cf., dans un Lexique publié dans les Anecdota de Bekker, tome I, p. 37 : διᾴσασθαι, τὸ διαμιλλήσασθαι ἐν ᾠδῇ τινι.

Du mètre épique.] Exemple dans Euripide, Troyennes, v. 590-595.

L'étendue de son imitation est plus restreinte.] Comparez le mot malicieux de Xanthias dans les Grenouilles d'Aristophane, v. 798 : Τί δέ; μειαγωγήσουσι τὴν τραγῳδίαν;

La leçon ἀναγνώσει pour ἀναγνωρίσει est fort séduisante. On traduirait alors : « à la lecture comme à la représentation » ; mais l'idée de *lecture* est déjà exprimée, six lignes plus haut, par les mots διὰ τοῦ ἀναγιγνώσκειν, en opposition avec la représentation sur un théâtre. Il est donc prudent de ne rien changer.

Nous n'en dirons pas davantage, etc.] Cette conclusion justifie assez bien l'opinion des éditeurs qui, comme Vettori, ont cru que nous avions là le *premier* livre d'un grand ouvrage d'Aristote sur la Poétique. Voyez l'Essai sur l'Histoire de la Critique, p. 137 et suiv.

NOTE

SUR L'EXTRAIT DE LA POLITIQUE.

—————

De chants qui jettent l'âme dans un religieux délire.] Les
lexiques ne citent pas un second exemple de ce verbe ἐξοργιάζω, et beaucoup d'interprètes l'entendent dans le sens
de *calmer le délire*. Mais le verbe ἐξοργίζω, qu'on trouve plus
souvent, et, entre autres auteurs, dans Xénophon, a toujours
le sens d'*exciter, jeter dans le délire*. G. Budé, qu'a suivi
H. Estienne, avait donc tort de traduire ἐξοργιάζω par : « Ad
sacra suscipienda præparo, ad sacrorum cultum *expio*, et
idoneum reddo. » Le sens que j'adopte et que M. Weil a fort
bien défendu, dans son mémoire Sur l'effet de la Tragédie
selon Aristote (Bâle, 1848), s'accorde d'ailleurs et avec l'analogie grammaticale dans les verbes tels que ἐξαλλάττω,
ἐξακολουθέω, ἐκπίνω, ἐκπίμπλημι, etc., et avec l'ensemble
de la théorie aristotélique, telle que nous l'avons exposée
dans notre Essai sur l'Histoire de la Critique, p. 180 et suiv.
Batteux, qui a traduit deux fois ce passage d'Aristote, s'est
d'abord conformé pour le mot en question au latin de Budé
(Les quatre Poétiques, t. I, p. 234) ; la seconde fois (De la
Poésie dramatique, II, 4, t. III des Principes de la Littérature), il s'est dispensé de le traduire.

—————

COMMENTAIRE

SUR LES EXTRAITS DES PROBLÈMES

———

Chap. i. — Se font-ils jouer ?] Αὐλοῦνται. Je n'ai pas encore trouvé un second exemple de ce verbe ainsi employé à
la voix moyenne.

Chap. xliii. — De deux éléments agréables.] Nous lisons
avec M. Bojesen, qui a publié une édition spéciale de ce
XIXᵉ livre des Problèmes (Copenhague, 1836) : ἡδίονι ἥδιον,
au lieu de ἥδιον ἡδίονι.

A celui de la lyre.] Λύρᾳ, pour λύρα, correction de M. Bojesen.

De plus.] J'adopte la conjecture très-vraisemblable de
M. Bojesen, ἔτι pour ἐπεί.

Les grenades dites *vineuses.*] Αἱ οἰνώδεις ῥοαί. L'explication de ce passage se trouve dans Théophraste, περὶ φυτῶν
ἱστορίας, II, 2, et περὶ φυτικῶν αἰτιῶν, I, 9 : il affirme que la
grenade acide, semée ou plantée en Égypte, prend une sa-
veur douce et οἰνώδη.

Est moins sensible.] Ἤ pour ἤ m'a paru nécessaire pour
donner un sens à ce passage.

Produisent une impression distincte.] Θεωρεῖν et le substantif correspondant θεωρός s'appliquent très-bien à toutes
les sensations que peut donner le spectacle, aux ἀκροάσεις
comme aux θεάματα. Θεωρός, dans la Rhétorique (I, 2), désigne l'auditeur oisif, *l'amateur,* par opposition à κριτής et
à ἐκκλησιαστής. Dans la Politique, VII, 17, on lit : Εὔλογον
οὖν ἀπελαύνειν ἀπὸ τῶν ἀκουσμάτων καὶ τῶν ὁραμάτων ἀνε-
λευθερίας καὶ τηλικούτους ὄντας, et plus bas : ἐπεὶ δὲ τὸ λέγειν
τι τῶν τοιούτων ἐξορίζομεν, φανερὸν ὅτι καὶ τὸ θεωρεῖν γρα-

φὰς ἢ λόγους ἀσχήμονας. Dans ce passage, le mot λόγους a paru suspect à Schneider, à Coray, et, après eux, à Letronne (Appendice des Lettres d'un Antiquaire à un Artiste, p. 28, note), qui demande si « on a jamais dit dans aucune langue : *voir des discours?* » C'est pourtant là un idiotisme bien constaté, sinon de la langue grecque, au moins du style d'Aristote; voy. encore la Politique, VIII, 6, § 5, et plus bas, chap. v. Ce sens du mot θεωρεῖν paraît avoir échappé aux derniers éditeurs du Thesaurus d'H. Estienne.

Rendent plus sensibles.] Αὐτοῖς : apparemment, τοῖς ἀκούουσι οὖ θεωροῦσι, construction πρὸς τὸ σημαινόμενον. Plus bas, αὐτῶν est probablement une syllepse analogue, le singulier τὴν ἀμαρτίαν équivalant à τὰς ἀμαρτίας, ou, si l'on veut, τῇ ᾠδῇ équivalant à τοὺς φθόγγους. Il est donc inutile de lire αὐτῆς avec M. Bojesen.

Chap. ix. — Une flûte.] Peut-être lisait-on primitivement dans le texte αὐλὸν ἕνα, et la finale ον, à cause de sa ressemblance avec εν, aura fait disparaître cette syllabe. Mais il faut être sobre de conjectures sur de pareils textes, où les variantes des manuscrits offrent si peu de secours à la critique.

Les mêmes notes, etc.] Cf. Platon, Lois, VII, p. 812, D.

Chap. x. — Lorsque l'on fredonne.] Pollux (IV, 10), Suidas et Hésychius semblent attribuer au τερέτισμα une valeur toute technique, qui ne convient pas à ce texte d'Aristote. — Cf. Platon, Lois, II, p. 669.

Un son plus fort.] Κρουστικά. Ce mot ne devrait s'appliquer qu'aux instruments à cordes; mais Plutarque atteste qu'on appliquait aussi le nom de κρούματα aux αὐλήματα. (Questions symposiaques, II, 4; cf. Pollux, IV, 84.)

Voilà pourquoi, etc.] Le texte est d'une concision difficile à justifier. La traduction de Gaza : « suavius cantatur quam teretatur », suppose ᾄδειν au lieu d'ἀκούειν. Je proposerais plus volontiers κρούειν qui se rapproche davantage de la leçon des manuscrits et qui s'accorde mieux avec le sens général de la remarque d'Aristote. La simple addition de τό avant τερετίζειν suffit d'ailleurs à justifier notre traduction.

Chap. xxix. — C'est la même observation qui est développée dans le chap. xxvii. Il y a dans les Problèmes beaucoup d'exemples de ces répétitions; on en trouvera plus bas deux autres, chap. v et xl, xxviii et xv. Quant à la comparaison même que fait ici Aristote entre les plaisirs de l'oreille et ceux des autres sens, on la retrouve dans la Politique, VII, 5.

Chap. xxvii. — J'ai placé ce problème après le précédent, parce qu'il m'a semblé que la rédaction en devait être postérieure; une première note, jetée d'abord sur des tablettes, est ici développée avec plus de soin. Pourtant, il y a encore dans ce développement bien des traits obscurs qui ne paraissent pas tenir à la corrruption du texte, mais à la négligence de la rédaction d'Aristote.

Le bruit seul opère, etc.] Ἔχει μόνον οὐχί, ἥν, etc. M. Bojesen lit οὐχὶ ἥν, sans virgule. Mais cette leçon n'est pas beaucoup plus claire. Peut-être οὐχί fait-il double emploi avec ἔχει, par l'erreur d'un copiste; la phrase corrigée et complétée serait : Ἦ ὅτι τὸ ἀκουστὸν κίνησιν ἔχει μόνον, ἣν ὁ ψόφος ἡμᾶς κινεῖ;

Les couleurs ébranlent l'organe de la vue.] Voyez le traité De l'Ame, II, 7 et 8.

Sont comme des actes.] Aristide Quintilien, II, p. 64 : Ἡ μουσικὴ πρᾶξιν ῥυθμοῖς καὶ κινήσεσι μιμεῖται.

Chap. xxxviii. — La nature elle-même, etc.] Même observation dans la Poétique, chap. iv, et dans la Politique, VIII, 5.

La variété du chant.] Sur le sens technique de ce mot, voyez Vincent, Notice déjà citée, p. 73 et suiv.

Le rhythme nous plait, etc.] Rhétorique, III, 8 : Ἀηδὲς καὶ ἄγνωστον τὸ ἄπειρον · περαίνεται δὲ πάντα ἀριθμῷ · ὁ δὲ τοῦ σχήματος τῆς λέξεως ἀριθμὸς ῥυθμός ἐστιν. Comparez Longin, Fragments ii et iii de notre édition.

Le tempérament.] Τὴν φύσιν καὶ τὴν δύναμιν, pour τὴν φυσικὴν δύναμιν. Cf. Cicéron, De l'Orateur, I, 44 : « Patria, cujus tanta est et tanta natura, » etc.

Contraires à l'ordre naturel.] La négation οὐ embarrasse ici; mais on peut traduire comme s'il y avait οὐ κατὰ φύσιν κινήσεις.

La musique.] Συμφωνία a quelquefois ce sens général; voyez les Topiques, VI, 2.

L'ordre nous est naturellement agréable.] Ἦν pour ἐστί

Voyez Stallbaum, note sur le Criton de Platon, p. 120 (Bojesen).

Dans leurs rapports.] Sur le sens que nous donnons au mot λόγος, voy. le traité de Pachymère dans la Notice de Vincent, p. 401 et suiv. Au reste le sens de tout ce passage est fort incertain.

Chap. xx. — Si l'on change.] Κινήσῃ. Aristide Quintilien, I, p. 8 : Κίνησις.... μεταβολὴ τῶν ποιοτήτων εἰς τὰ ὁμογενῆ.

L'indicatrice.] Voyez Vincent, Notice, p. 119.

L'expression n'est plus grecque.] Οὐκ ἔστιν ὁ λόγος ἑλληνικός. Rhétorique, III, 5 : Ἔστι δ' ἀρχὴ τῆς λέξεως τὸ ἑλληνίζειν; et Zénon, dans Diogène Laërce, VII, 59 : Ἑλληνισμὸς μὲν οὖν ἐστὶ φράσις ἀδιάπτωτος ἐν τῇ τεχνικῇ καὶ μὴ εἰκαίᾳ συνηθείᾳ. Ce n'est que chez les grammairiens de la décadence que les mots ἑλληνικός, ἑλληνίζειν, ἑλληνισμός s'appliquent aux mots et aux tournures de la *langue commune*, par opposition au pur atticisme.

Et comme une conjonction importante.] Καὶ μάλιστα τῶν καλῶν. Tournure analogue dans la Rhétorique, I, 1.

Chap. v. — C'est un plaisir pour l'auditeur.] Voy. sur θεωρεῖν la note ci-dessus, p. 135. M. Bojesen entend ici ce mot dans le sens de *contemplation philosophique*, qu'il a quelquefois chez Aristote. Voyez De l'Ame, II, 1; Physique, VIII, 3.

De comprendre.] Μανθάνειν, plaisir souvent analysé par Aristote : Problèmes, XIV, 3; Poétique, chap. iv (voyez plus haut, p. 74); etc. En traduisant μανθάνειν par *discere*, M. Bojesen se voit forcé de corriger ainsi le texte : ἢ ὅτι ἡδὺ [μᾶλλον] τὸ θεωρεῖν ἢ τὸ μανθάνειν, et il renvoie au traité De la Sensation, chap. iv : Οὐ γὰρ κατὰ τὸ μανθάνειν, ἀλλὰ κατὰ τὸ θεωρεῖν ἐστι τὸ αἰσθάνεσθαι.

Par l'habitude.] Même observation dans la Rhétorique, I, 11.

Chap. xi. — Il accompagne.] Συνᾴδει est ordinairement employé au sens figuré dans Aristote par opposition à διαφωνεῖν. Voyez la Morale Nicom., I, 8.

Quand on n'est pas forcé de chanter.] C'est ainsi que, dans les idées des anciens, et particulièrement d'Aristote, toute obligation et toute rétribution attachée à la pratique d'un art le rend par cela même βάναυσον, c'est-à-dire indigne d'un homme libre. Voy., en ce qui concerne la musique, Aristote, Politique, VIII, 5.

Chap vi. — La paracataloge.] Comparez, pour plus de détails, Plutarque, De la Musique, chap. xxviii, et Athénée, XIV, p. 635-636.

Chap. xxviii. — Plutarque explique le sens de νόμος par la sévérité même des lois qui présidaient à ce genre de composition (De la Musique, chap vii). Suidas avait-il sous les yeux quelque autre témoignage d'Aristote sur le même sujet, quand il écrivait la notice suivante? Νόμοι κιθαρῳδικοί. Ἀπόλλων, φασί, μετὰ λύρας κατέδειξε τοῖς ἀνθρώποις νόμους, καθ' οὓς ζήσονται, πραΰνων τε ἅμα τῷ μέλει τὸ κατ' ἀρχὰς ἐν αὐτοῖς θηριῶδες καὶ εὐπρόσιτον τῇ τοῦ ῥυθμοῦ ἡδύτητι ποιῶν τὸ παραγγελλόμενον. Καὶ ἐκλήθησαν νόμοι κιθαρῳδικοί. Ἐκεῖθεν δὲ σεμνολογικῶς, ὡς καὶ Ἀριστοτέλει δοκεῖ, νόμοι καλοῦνται οἱ μουσικοὶ τρόποι καθ' οὓς τινας ᾄδομεν. Voyez encore, dans Photius, les extraits de la Chrestomathie de Proclus.

Chez les Agathyrses.] Même usage chez les Crétois, selon Élien, Histoires diverses, II, 39, et Strabon, livre X, p. 482; à Mazaca, ville de Cappadoce, selon Strabon, liv. XII, p. 559. Cicéron, dans son enfance, apprenait aussi par cœur les lois des xii Tables, *ut necessarium carmen*, ce qui ne veut pas dire qu'elles étaient en vers (Des Lois, II, 23).

Chap. xv. — Des acteurs, etc.] On sait que les chanteurs dans les fêtes de Bacchus, les tragédiens et les comédiens, furent d'abord ἐθελονταί. Voyez Rhétorique, III, 7, et Poétique, chap. v.

A ceux qui restent dans leur propre caractère.] Τοῖς τὸ ἦθος φυλάττουσιν. M. Bojesen veut que ce soient les choristes par opposition aux acteurs proprement dits; il ne songe pas qu'Aristote oppose ici les acteurs proprement dits, les acteurs payés, aux acteurs libres de l'ancien temps. Je conviens toutefois qu'on s'attendrait à lire ἴδιον avant ἦθος Peut-être aussi ἦθος φυλάσσειν signifie-t-il « s'abstenir des actions et des mouvements passionnés » qui sont le propre signe des héros du drame. La dernière ligne du chapitre semble appuyer cette conjecture.

C'est un nombre.] Voyez Denys d'Halicarnasse, De l'Arrangement des mots, chap. XIX.

Une mesure identique.] Ἑνὶ μετρεῖται. Même expression dans la Morale Nicom., V, 8.

Chap. XXX. — Ne comportent pas l'antistrophe.] C'est-à-dire : sont moins lyriques. Voyez le chap. XLVIII.

Chap. XLVIII. — Sur ces divers modes, consulter la Notice de Vincent, qui renvoie avec soin aux travaux de ses prédécesseurs.

Un caractère tout dramatique.] Ἦθος πρακτικόν. Dans la Politique, VIII, 7, Aristote distingue entre les μέλη ἠθικά et les μέλη πρακτικά, ce qui confirme encore la conjecture exposée ci-dessus, à propos du chap. XV.

Le Géryon.] Voyez les Fragments des Tragiques grecs, éd. Wagner, p. 101.

Majestueux et calme.] Mêmes éloges dans la Politique, VIII, 7; cf. Héraclide de Pont, cité par Athénée, XIV, p. 624.

Les traits de l'humanité.] Ἀνθρωπικά. De même, Rhétorique, I, 2: Τὰ μὲν δι' ἀπαιδευσίαν, τὰ δὲ δι' ἀλαζονείαν, τὰ δὲ καὶ δι' ἄλλας αἰτίας ἀνθρωπικάς.

Le mixolydien, etc.] L'insertion que j'ai faite ici dans le texte m'a été suggérée par M. Vincent, comme tout à fait nécessaire pour que ce passage ne contredise pas l'opinion expresse d'Aristote dans la Politique, VIII, 7, et des autres auteurs anciens. Voy. sa Notice, p. 99. M. Bojesen avait déjà remarqué que les mots κατὰ μὲν οὖν ταύτην, etc. conviennent mieux au mixolydien qu'à l'hypophrygien. Ces conjectures et ces remarques sont confirmées par un témoignage de Plutarque, De la Musique, chap. XVI, d'après lequel ce fut Sappho qui apprit aux tragiques l'usage de l'harmonie mixolydienne, comme plus propre aux effets de pathétique, tandis que l'harmonie dorienne ne convenait qu'au genre grave et sublime.

Sa bienveillance.] Remarquez la justesse élégante de cette observation d'Aristote, qui se rencontre avec Horace, Art poétique, v. 193 et suiv. :

.....Ille bonis faveatque et consilietur amice.

Chap. xxxi. — Phrynichus.] C'est en effet un des auteurs qui ont développé le dialogue et l'action tragique sur le fond lyrique du dithyrambe. Voy. Plutarque, Questions symposiaques, I, 5 ; le scholiaste d'Aristophane sur les Grenouilles, v. 1334 ; Suidas, au mot Φρύνιχος.

Mètres, chants lyriques.] Voyez la Notice de Vincent, p. 194-216. Ce texte est une des plus graves autorités en ce qui concerne la différence des μέτρα et des μέλη dans la poésie grecque, question pleine d'intérêt, mais aussi de difficultés, sur laquelle nous renverrons, pour plus de détails, aux ouvrages suivants : 1° Ed. du Méril, Essai sur le principe et les formes de la versification (Paris, 1841) ; 2° Vincent : De la Musique dans la tragédie grecque, à propos de la représentation d'Antigone (Paris, 1844) ; Dissertation sur le rhythme chez les Anciens (1845) ; Deux lettres à M. Rossignol sur le rhythme, sur la poésie lyrique et le vers dochmiaque (1846) ; Analyse du Traité de métrique et de rhythmique de saint Augustin, intitulé *De Musica* (1849) ; 3° M. Rossignol, Deux lettres à M. Vincent, sur le rhythme, sur le vers dochmiaque et la poésie lyrique en général (Paris, 1846).

FIN

Typographie Lahure, rue de Fleurus, 9, à Paris.

LIBRAIRIE HACHETTE ET Cie

Boulevard Saint-Germain, 79, à Paris.

BACCALAURÉAT ÈS LETTRES

SCINDÉ

EN DEUX SÉRIES D'ÉPREUVES.

Memento du baccalauréat ès lettres scindé en deux séries d'épreuves. 3 vol. petit in-16, élégamment cart. 16 fr.

ToME I. — PREMIER EXAMEN, *volume unique*, comprenant : Conseils sur les épreuves écrites ; — Notices sur les auteurs et les ouvrages indiqués pour l'explication orale ; — Notions de réthorique et de littérature classique ; — Histoire ; — Géographie ; par MM. Albert Le Roy, agrégé des classes supérieures, G. Ducoudray, agrégé d'histoire, E. Cortambert, de la Bibliothèque nationale, etc., cartonné. 5 fr.

ToME II. — DEUXIÈME EXAMEN, *partie littéraire*, comprenant : Conseils sur les épreuves écrites ; — Philosophie ; — langues vivantes ; — Histoire et Géographie contemporaines ; par MM. Albert Le Roy, Gust. Ducoudray, etc. cart. 5 fr.

ToME III. — DEUXIÈME EXAMEN, *partie scientifique*, comprenant : Arithmétique ; — Algèbre ; — Géométrie ; — Cosmographie ; — Physique ; — Chimie ; — Histoire naturelle ; par MM. Bos, Pichot et Lechat, professeurs au lycée Louis-le-Grand. 1 vol. petit in-16, cartonné. 6 fr.

Décret, règlement et programme pour les examens du baccalauréat ès lettres scindé en deux séries d'épreuves. In-12. 30 c.

PREMIER EXAMEN

COMPOSITIONS LATINES

Recueil de **180 versions latines**, données à la Sorbonne de 1869 à 1875, pour les examens du baccalauréat ès lettres, publié par M. L. Delestrée. Textes et traductions. 2 vol. in-12, brochés. 3 fr.

Recueil de compositions françaises, pour préparer au discours latin les candidats au baccalauréat ès lettres. par M. L. Delestrée. 1 vol. in-8, br. 2 fr. 50

Sujets et développements de compositions latines (discours, lettres, dialogues, narrations, dissertations), données dans les Facultés depuis 1858 jusqu'en 1874. Recueil publié par M. Albert Le Roy ; 4e édition. 1 vol. in 8, br. 3 fr. 50

Choix de compositions latines et françaises et de versions latines, à l'usage des candidats au baccalauréat ès lettres, par M. Asselin. Sujets et textes, 1 vol. in-8. 2 fr. 50. Développements et traductions, 1 vol. in-8, br. 5 fr.

AUTEURS GRECS

Homère : *Iliade IX*[e] *chant.* Texte grec publié avec des notes en français, par M. Pierron. 1 vol. petit in-16, cartonné.   25 c.

Le même chant, traduction *juxtalinéaire*, par M. C. Leprévost. In-12.   1 fr.

Sophocle : *Philoctète.* Nouvelle édition classique publiée avec une notice, un argument et des notes en français, par M. Tournier, maître de conférences à l'Ecole normale supérieure. 1 vol. petit in-16, cartonné.   1 fr.

La même tragédie, traduction *juxtalinéaire*, par MM. Benloew et Bellaguet. 1 vol in-12, broché.   2 fr. 50

Aristophane : *Plutus.* Édition classique publiée avec des notes en français, par M. Ducasau. 1 vol. in-12, cartonné.   1 fr.

Le même ouvrage, trad. *juxtalinéaire*, par M. Cattant. In-12. 2 fr. 25

Le même ouvrage, traduction française, par M. Cattant, avec le texte en regard. 1 vol. in-12, broché.   2 fr.

Platon : *Phédon.* Édition classique publiée avec argument et des notes en français, par M. E. Sommer. 1 vol. in-12. cartonné. 75 c.

Le même ouvrage, trad. *juxtalinéaire*, par M. Sommer. In-12. 5 fr.

Le même ouvrage, traduction française, par M. F. Thurot, avec le texte grec. 1 vol. in-12, broché.   1 fr. 60

Démosthène : *Les trois Olynthiennes,* Nouvelle édition classique publiée avec analyses et des notes, par M. H. Weil, maître de conférences à l'Ecole normale supérieure. 1 vol. petit in-16, cart.   60 c.

Le même ouvrage, traduction *juxtalinéaire*, par M. Leprévost. In-12, broché.   1 fr. 60

Aristote : *Poétique.* Nouvelle édition classique publiée avec un commentaire en français, par M. Egger, professeur à la Faculté des lettres de Paris ; 1 vol. petit in-16, cart.   1 fr.

Le même ouvrage, traduction *juxtalinéaire*, par M. de Parnajon. 1 vol. in-12, broché.   1 fr.

Le même ouvrage, traduction française, par M. Egger, sans le texte grec. 1 vol. petit in-16, broché.   1 fr.

AUTEURS LATINS

Conciones, sive Orationes ex Sallustii, T. Livii, Taciti, Q. Curtii historiis collectæ, auctore H. Estienne ; édition publiée avec des arguments et des notes en français, par M. Colincamp, professeur à la Faculté des lettres de Douai. 1 vol. in-12, cartonné.   2 fr. 50

Cicéron : *Analyse et extraits des principaux discours,* par M. Ragon. 1 vol. petit in-16, cartonné.   2 fr. 50

Le même ouvrage, traduction française de J. V. Le Clerc, sans le texte latin. 1 vol. petit in-16, broché.   3 fr.

Cicéron : *Analyse et extraits des ouvrages de rhétorique,* publiés et annotés par M. V. Cucheval, professeur de rhétorique au lycée Fontanes. 1 vol. petit in-16, cartonné.   2 fr.

Le même ouvrage, traduction française de J. V. Le Clerc, sans le texte latin. 1 vol. petit in-16, broché.   3 fr.

Tácitus : *Annalium libri XVI*. Nouvelle édition classique, publiée avec une notice, des arguments et des notes, par M. Jacob, professeur de rhétorique au lycée Saint-Louis. 1 vol. petit in-16. » »

Tacitus : *Quæ extant opera*, juxta accuratissimam Burnouf editionem, cum notulis. 1 vol. in-12, cart. 2 fr. 50

LE MÊME AUTEUR, traduction *juxtalinéaire*, format in-12 :

Annales, par M. Materne, 4 vol. 18 fr.
   1er volume : livres I, II, III, 6 fr.
   2e volume : livres IV, V, VI, 4 fr.
   3e volume : livres XI, XII, XIII, 4 fr.
   4e volume : livres XIV, XV, XVI, 4 fr.
Germanie (la), par M. Donneaud. 1 fr.
Vie d'Agricola, par M. Nepveu, 1 fr. 75

Virgilius : *Opera*. Nouvelle édition à l'usage des élèves, publiée par M. Benoist, professeur à la Faculté des lettres de Paris, avec une notice sur la vie de Virgile, des remarques sur la prosodie, la métrique et la langue, des arguments et des notes en français, des tables pour les noms propres, les principales variantes, les passages des poëtes grecs et latins imités par Virgile et une carte des contrées dans lesquelles se passe l'action de l'*Énéide*. 1 v. pet. in-16, c. 2 fr. 25

LE MÊME OUVRAGE, édition sans les notes. 1 vol. petit in-16, cart. 2 fr.

— *Opera*, édition à l'usage des professeurs. Texte latin publié d'après les travaux les plus récents de la philologie, avec un commentaire critique et explicatif, une introduction et des notices, par M. Benoist. 3 vol. grand in-8, brochés. 22 fr. 50
   On vend séparément : *Bucoliques et Géorgiques*, 1 vol. 7 fr. 50
   Énéide. 2 vol. 15 fr.

Virgile, traduction *juxtalinéaire*, format in-12 :

Les *Églogues* ou *Bucoliques*, par MM. Sommer et Desportes. 1 v. 1 fr.
L'Énéide, par MM. Sommer et Desportes. 4 vol. 16 fr.
   Chaque volume séparément, contenant trois livres réunis. 4 fr.
   Chaque volume séparément. 1 fr. 50
Les *Géorgiques*, par les mêmes auteurs. 1 vol. 2 fr.

Horatius : *Opera ;* édition publiée avec des arguments et des notes en français, par E. Sommer. 1 vol. in-12, cartonné. 2 fr.

LE MÊME AUTEUR, traduction *juxtalinéaire*, format in-12 :

Art poétique, par M. A. Taillefert. 1 vol, 75 c.
Épîtres, par le même auteur. 1 vol. 2 fr.
Odes et Épodes, par MM. Sommer et Desportes. 2 vol. 4 fr. 50
   Le 1er et le IIe livre des Odes, 1 vol. 2 fr.
   Le IIIe et le IVe livre des Odes, et les Épodes. 1 vol. 2 fr. 50
Satires, par les mêmes auteurs. 1 vol. 2 fr.

Lucrèce : *Morceaux choisis*. Édition classique publiée avec des arguments, des analyses et des notes en français, par M. C. Poyard, professeur de rhétorique au lycée Henri IV. Petit in-16, cart. 1 fr. 50

LE MÊME OUVRAGE, traduction *juxtalinéaire*, par M. de Parnajon. 1 vol. in-12, broché. 3 fr. 50

Plautus : *Aulularia* (la marmite). Nouvelle édit. classique publiée avec une introd. et des notes, par M. E. Benoist. Petit in-16. 80 c.

LE MÊME OUVRAGE, traduction *juxtalinéaire*, par M. de Parnajon. 1 vol. in-12, broché. 1 fr. 75

LE MÊME OUVRAGE, traduction française de M. Sommer, sans le texte latin. 1 vol. petit in-16, broché. 1 fr.

AUTEURS FRANÇAIS

Études littéraires sur les classiques français du baccalauréat ès lettres ; par M. Merlet, professeur de rhétorique au lycée Louis-le-Grand. 1 vol. in-12, broché. 4 fr.

Morceaux choisis des grands écrivains français du seizième siècle, accompagnés d'une grammaire et d'un dictionnaire de la langue du XVIᵉ siècle, par M. A. Brachet, In-12, cart. 3 fr. 50

Bossuet : *Oraisons funèbres*. Édition classique, accompagnée de notices et de notes, parM. Charles Aubert. In-12, cart. 1 fr. 60

La Bruyère : *Caractères*. Nouvelle édition classique, annotée par M. G. Servois. 1 vol. in-12, cartonné. 2 fr. 50

Fénelon : Les *Opuscules académiques*, contenant le discours de réception à l'Académie française, le Mémoire sur les occupations de l'Académie et la Lettre à l'Académie. Edition classique, annotée par M. Delzons. 1 vol. in-12, cartonné. 80 c.

— *Sermon pour la fête de l'Épiphanie*. Nouvelle édition classique publiée avec une introduction et des notes, par M. Merlet. 1 vol. petit in-16, cartonné. 60 c.

Buffon : *Discours sur le style*. Nouvelle édition classique avec une introduction et des notes. 1 vol. petit in-16, cartonné. 30 c.

Voltaire : *Siècle de Louis XIV*. Edition classique, accompagnée d'une notice et de notes, par A. Garnier. 1 vol. in-12, cartonné. 2 fr. 75

Boileau : *L'art poétique*, annoté par M. Geruzez. Petit in-16. 40 c.

Théâtre classique, avec les préfaces des auteurs, les examens de Corneille, les variantes et les principales imitations. Nouvelle édition classique, revue et annotée par Ad. Regnier. 1 v. petit in-16, c. 3 fr.

La Fontaine : *Fables*. Nouvelle édition classique, publiée avec des notes, par M. Geruzez. 1 vol. petit in-16, cart. 1 fr. 60

RHÉTORIQUE ET LITTÉRATURE CLASSIQUE

Éléments de rhétorique française, par M. Filon. In-12. 2 fr. 50

Principes de rhétorique française, par M. Pellissier ; 4ᵉ édition. 1 vol. in-12, cartonné. 2 fr. 50

Histoire de la littérature française, depuis ses origines jusqu'à nos jours, par M. Demogeot ; 15ᵉ édition. 1 vol. in-12, broché. 4 fr.

Histoire de la littérature grecque, par M. Alexis Pierron, ancien professeur au lycée Louis-le-Grand ; 7ᵉ édit. 1 vol in-12, br. 4 fr.

Histoire de la littérature romaine, par le même auteur ; 7ᵉ édition. 1 vol. in-12, broché. 4 fr.

HISTOIRE ET GÉOGRAPHIE

Histoire de l'Europe de 1610 à 1789, précédée d'une courte révision de l'histoire de France antérieure à 1610, par M. V. Duruy. 1 vol. in-12, avec des cartes et des gravures, cart. 3 fr. 50

Géographie physique, politique, administrative et économique de la France et de ses colonies, par M. E. Cortambert, de la Bibliothèque nationale. 1 vol. in-12, avec gravures, cart. 3 fr.

Atlas correspondant (30 cartes). 1 vol. in-8, cart. 4 fr. 50

DEUXIÈME EXAMEN

PHILOSOPHIE

Notions de philosophie, par M. Charles Jourdain, membre de l'Institut, inspecteur général de l'instruction publique. Quinzième édition, mise en harmonie avec les derniers programmes. 1 vol. in-12, broché. 4 fr. 50

Manuel de philosophie, par MM. Jacques, Jules Simon et Saisset. Septième édition, contenant toutes les matières indiquées par les nouveaux programmes. 1 fort vol. in-8, broché. 8 fr.

Sujets et développements de compositions françaises (dissertations philosophiques) données à la Sorbonne, depuis 1866 jusqu'en 1874, ou proposées comme exercices préparatoires pour les examens du baccalauréat ès lettres. Recueil publié par M. Albert Le Roy; 3e édition. 1 vol. in-8, broché. 4 fr. 50

Xénophon : *Entretiens mémorables de Socrate,* texte grec, édition classique publiée avec des notes, par E. Sommer. 1 vol. in-12, cartonné. 2 fr.

LE MÊME OUVRAGE, traduction française de M. Sommer, sans le texte grec. 1 vol. petit in-16, broché. 1 fr. 75

Platon : *Phédon,* texte grec, édition classique publiée avec des notes par E. Sommer. 1 vol. in-12, cart. 75 c.

LE MÊME OUVRAGE, traduction française de Fr. Thurot, avec le texte grec. 1 vol. in-12, broché. 1 fr. 60

— *Le septième livre de la République,* texte grec, nouvelle édition classique publiée avec une introduction et des notes, par M. Aubé, professeur au lycée Fontanes. 1 vol. petit in-16, cartonné. 1 fr. 50

LE MÊME OUVRAGE, traduction française, par M. Aubé, sans le texte grec. 1 vol. petit in-16, broché. 1 fr. 50

Épictète : *Manuel,* texte grec, nouvelle édition classique, publiée avec une introduction, des notes et un lexique des termes techniques, par M. Ch. Thurot, membre de l'Institut, maître de conférences à l'École normale supérieure. 1 vol. petit in-16, cart. 1 fr.

LE MÊME OUVRAGE, traduction française par M. Thurot, sans le texte grec. 1 vol. petit in-16, broché. 1 fr.

Cicero : *De Officiis,* texte latin, édition classique publiée avec des sommaires et des notes par H. Marchand. 1 vol. in-12, cart. 1 fr.

LE MÊME OUVRAGE, traduction française, par E. Sommer, avec le texte latin en regard. 1 vol. in-12, broché. 2 fr.

— *De finibus bonorum et malorum libri* I et II, texte latin, nouvelle édition classique publiée avec une notice, un argument et des notes par M. E. Charles, ancien professeur de philosophie au lycée Louis-le-Grand, recteur de l'académie de Montpellier. 1 vol. petit in-16, cartonné. 1 fr. 50

LE MÊME OUVRAGE, traduction française par M. Charles, sans le texte latin. 1 vol. petit in-16, broché. 1 fr. 50

Arnauld : *Logique de Port-Royal.* Édition publiée avec une introduction et des notes, par M. Jourdain. 1 vol. in-12, broché. 2 fr. 50

Descartes : *Discours de la Méthode*, publié avec une introduction et des notes, par M. Vapereau. 1 vol. petit in-16, cart.   90 c.

Pascal : *De l'autorité en matière de philosophie, entretien avec M. de Saci ;* fragments publiés avec une introduction et des notes, par M. Jourdain. 1 vol. petit in-16, cartonné.   75 c.

Bossuet : *De la connaissance de Dieu et de soi-même ; métaphysique.* Nouvelle édition, publiée avec une introduction et des notes, par M. de Lens. 1 vol. petit in-16, cartonné.   1 fr. 60

Fénelon : *Traité de l'existence de Dieu.* Édition précédée d'un Essai sur Fénelon par M. Villemain, et publiée avec une introduction et des notes, par M. Danton. 1 vol. in-12, broché.   2 fr. 50

Leibniz : *Extraits de la Théodicée.* Nouvelle édition publiée avec une introduction et des notes, par M. P. Janet membre de l'Institut, professeur de philosophie à la Faculté des lettres de Paris. 1 vol. petit in-16, cartonné.   3 fr. 50

SCIENCES MATHÉMATIQUES, PHYSIQUES

ET NATURELLES

Les ouvrages suivants ont été rédigés conformément aux nouveaux programmes de 1874 pour l'enseignement scientifique dans les classes de lettres.

Arithmétique élémentaire, par M. Pichot, censeur du lycée de Versailles. 1 vol. in-12, cartonné.   2 fr.

Algèbre élémentaire, par M. Pichot. 1 vol. in-12, cart.   2 fr. 50

Géométrie élémentaire, par M. Bos, inspecteur d'Académie. 1 vol. in-12, avec 2~0 figures dans le texte, cartonné.   2 fr.

Cosmographie élémentaire, par M. Pichot. 1 vol. in-12, avec 207 figures dans le texte, cartonné.   2 fr. 50

Notions élémentaires de physique, par M. Privat-Deschanel, proviseur du lycée de Vanves, et M. Pichot. 1 volume in-12, avec 491 figures dans le texte, broché.   4 fr.

Notions élémentaires de chimie, par M. Lechat, professeur au lycée Louis-le-Grand. 1 vol. in-12, avec 100 figures dans le texte, broché.   2 fr.

Cours élémentaire d'histoire naturelle, par M. Gervais, membre de l'Institut. 3 vol. in-12, avec des figures dans le texte, brochés :

   Zoologie. 1 volume avec 340 figures.   3 fr.
   Botanique. 1 volume avec 182 figures.   1 fr. 50
   Géologie. 1 volume avec 134 figures.   1 fr. 50

AUTEURS ALLEMANDS

Exercices de conversation allemande, par M. B. Lévy, inspecteur général des langues vivantes. 3 vol. in-12, cartonnés :

   I. *Exercices sur les parties du discours*, à l'usage des cours élémentaires. 1 volume.   1 fr. 25
   II. *Sujets de conversation*, à l'usage des cours moyens. 1 v.   1 fr. 75
   III. *Sujets de conversation*, à l'usage des cours supérieurs. 1 v. 3 fr.

Recueil de lettres allemandes, publié en ÉCRITURES AUTOGRA-PHIQUES pour exercer à la lecture des manuscrits allemands : *Lettres familières et lettres commerciales*, par M. B. Lévy. 1 vol. in-8, cartonné. 3 fr. 50

LE MÊME RECUEIL, imprimé en caractères typographiques, et pouvant servir de corrigé au précédent ouvrage. 1 vol. in-12, cartonné. 2 fr.

Lessing : *Laocoon*. Texte allemand; nouvelle édition classique, avec une notice, un argument et des notes, par M. B. Lévy. 1 vol. petit in-16, cartonné. 2 fr.

LE MÊME OUVRAGE, traduction française de M. Courtin, avec le texte en regard et les notes de M. B. Lévy. 1 vol. in-12, br. 4 fr.

— *Lettres sur la littérature moderne et sur l'art ancien*. Extraits publiés avec une notice, des analyses et des notes, par M. Cottler. 1 vol. petit in-16, cart. 3 fr.

LE MÊME OUVRAGE, traduction française, par M. Cottler, sans le texte allemand. 1 vol. petit in-16 broché. » »

Schiller et Goethe : *Extraits de leur correspondance* publiés avec une introduction et des notes en français, par M. B. Lévy. 1 vol. petit in-16, cartonné. 3 fr.

LE MÊME OUVRAGE, traduction française, par M. B. Lévy, sans le texte allemand. 1 vol. petit in-16, broché. » »

Goethe : *Hermann et Dorothée*. Texte allemand; nouvelle édition classique, publiée avec une notice, un argument et des notes, par M. B. Lévy. 1 vol. in-12, cartonné. 1 fr.

LE MÊME OUVRAGE, traduction *juxtalinéaire*, par M. B. Lévy. 1 vol. in-12, broché. 3 fr. 50

LE MÊME OUVRAGE, traduction française de M. B. Lévy, avec le texte allemand et des notes. 1 vol. in-12, broché. 1 fr. 50

Schiller : *Guillaume Tell*. Texte allemand publié et annoté par M. Fix. 1 vol. in-12, cartonné. 1 fr. 50

LE MÊME OUVRAGE, traduction *juxtalinéaire*, par M. Fix. 1 vol. in-12, broché. 5 fr.

LE MÊME OUVRAGE, traduction française, par M. Fix, avec le texte allemand. 1 vol. in-12, broché. 2 fr. 50

— *Guerre de Trente Ans*. Texte allemand; nouvelle édition classique publiée avec une notice, des arguments et des notes, et suivie d'un vocabulaire des noms propres et des termes spéciaux, par MM. Schmidt et Leclaire. 1 vol. petit in-16, cartonné. 2 fr. 50

LE MÊME OUVRAGE, traduction française par M. Porchat, avec le texte en regard. 2 vol. in-12, brochés. 6 fr.

AUTEURS ANGLAIS

L'épistolaire anglais, ou choix de lettres extraites des meilleurs écrivains, par A. Spiers 1 vol. in-12, broché. 2 fr. 50

Pope : *Essai sur la critique*. Texte anglais; nouvelle édition classique, publiée avec une notice, un argument analytique et des notes en français, par M. Motheré, professeur au lycée Charlemagne. 1 vol. petit in-16, cartonné. 75 c.

LE MÊME OUVRAGE, traduction *juxtalinéaire*, par M. Motheré. 1 vol. in-12, broché. 1 fr. 50

LE MÊME OUVRAGE, traduction française, par M. Motheré, avec le texte anglais. 1 vol. in-12, broché. 1 fr.

Shakespeare : *Macbeth.* Texte anglais ; édition précédée de notices et accompagnée de notes, par M. O'Sullivan. Grand in-18, cart. 1 fr.
LE MÊME OUVRAGE, traduction *juxtalinéaire*, par M. Angellier, prof. d'anglais au lycée Charlemagne. 1 vol. in-12, br.   2 fr.
LE MÊME OUVRAGE, traduction française, par M. Montégut, avec le texte anglais. 1 vol. in-12, broché.   1 fr.

Milton : *Paradis perdu* (le), livres I et II. Texte anglais ; nouvelle édition classique, publiée avec une notice sur Milton, une analyse de tout le poëme, et des notes en français, par A. Beljame, professeur au lycée Louis-le-Grand. 1 vol. petit in-16, cart.   90 c.
LE MÊME OUVRAGE, traduction *juxtalinéaire*, par M. Legrand, professeur au lycée Fontanes. 1 vol. in-12, broché.   2 fr. 50

AUTEURS ESPAGNOLS

Calderon : *El magico prodigioso.* Texte espagnol ; nouvelle édition classique publiée avec une notice et des notes en français, par M. Magnabal, agrégé de l'Université. 1 vol. petit in-16, cartonné. 1 fr. 50

Cervantès : Le *Captif* (el Cautivo). Texte espagnol extrait de Don Quichotte, publié avec des notes, par M. Merson. In-12. 1 fr.
LE MÊME OUVRAGE, traduction *juxtalinéaire*. In-12.   3 fr.
LE MÊME OUVRAGE, traduction française, par M. Merson, avec le texte espagnol. 1 vol. in-12, br.   2 fr.
— *Morceaux choisis de Don Quichotte.* Texte espagnol ; nouvelle édition classique publiée avec une notice et un argument, par M. Magnabal. 1 vol. petit in-16, cartonné.   » »

Mendoza (Hurtado de) : *Morceaux choisis de la guerre de Grenade.* Texte espagnol ; nouvelle édition classique publiée avec une notice et un argument, par M. Magnabal. 1 vol. petit in-16, cart.   90 c.

Solis (Antonio de) : *Morceaux choisis de la conquête du Mexique.* Texte espagnol ; nouvelle édition classique publiée avec une notice et un argument par M. Magnabal. 1 vol. petit in-16, cart.   1 fr. 80

AUTEURS ITALIENS

Dante : *L'Enfer,* 1er *chant.* Texte italien ; nouvelle édition classique publiée avec un argument analytique de tout le poëme et des notes en français par M. B. Melzi. 1 vol. petit in-16, cart. 75 c.
LE MÊME OUVRAGE, traduction *juxtalinéaire*. In-12.   1 fr.

Machiavel : *Discours sur la première décade de Tite-Live.* Texte italien réduit à l'usage des classes et précédé d'une introduction en français, par M. de Tréverret, professeur à la Faculté des lettres de Bordeaux. 1 vol. in-12, broché.   2 fr. 50 c.

Manzoni : Les *Fiancés.* Texte italien précédé d'une introduction en français par M. de Tréverret. 1 vol. in-12, broché.   2 fr. 50

Tasse : La *Jérusalem délivrée.* Texte italien expurgé à l'usage des classes et précédé d'une introduction en français, par M. de Tréverret. 1 vol. in-12, broché.   2 fr. 50

HISTOIRE ET GÉOGRAPHIE

Histoire et géographie contemporaines de 1789 à 1848, par M. Gust. Ducoudray, agrégé d'histoire. 1 vol. in-12, cart. 5 fr.

Paris. — Imp. Viéville et Capiomont, rue des Poitevins, 6.

NOUVELLE COLLECTION

DE

CLASSIQUES

Format petit in-16

PUBLIÉE AVEC DES NOTICES, DES ARGUMENTS
ANALYTIQUES ET DES NOTES EN FRANÇAIS
(*Les noms des annotateurs sont indiqués entre parenthèses*)

Ces éditions se recommandent par la pureté du texte,
la concision des notes, la commodité du format et
l'élégance du cartonnage.

CLASSIQUES GRECS

ARISTOPHANE : *Morceaux choisis* (Poyard). . . . . . . 2 fr.
ARISTOTE : *Poétique* (E. Egger). . . . . 1 fr.
DEMOSTHÈNE : *Discours de la couronne* (H. Weil). 1 fr. 25 c.
— *Les trois Olynthiennes* (H. Weil). . . . . 60 c.
— *Les quatre Philippiques* (H. Weil). . . . . 1 fr.
— *Sept Philippiques* (H. Weil). . . . . 1 fr. 50 c.
DENYS D'HALICARNASSE : *1re lettre à Ammée*. . . . 60 c.
ÉLIEN : *Morceaux choisis* (J. Lemaire). . . . . 1 fr. 10 c.
ÉPICTÈTE : *Manuel* (Ch. Thurot). . . . . 1 fr.
EURIPIDE : *Electre, Hécube, Hippolyte, Iphigénie à Aulis,
Iphigénie en Tauride.* (H. Weil). Chaque tragédie. . 1 fr.
— *morceaux choisis* (H. Weil). . . . . 2 fr.
HÉRODOTE : *Morceaux choisis* (E. Tournier). . . . . 2 fr.
HOMÈRE : *Iliade* (A. Pierron). . . . . 1 fr. 50 c.
Le même ouvrage, sans notes. . . . . 2 fr.
— *Morceaux choisis de l'Iliade* (Pierron). . . . . . . 2 fr.
LUCIEN : *De la manière d'écrire l'histoire* (Lehugeur). 75 c.
— *Morceaux choisis* (E. Talbot). . . . . 2 fr.
PLATON : *Morceaux choisis* (Poyard). . . . . 2 fr.
— *République*, 7e livre (B. Aubé). . . . . 1 fr. 50 c.
PLUTARQUE : *Morceaux choisis des biographies* (Talbot).
2 vol. : 1. *Les Grecs illustres*, 1 vol. 2 fr. — 2. *Les Romains
illustres*, 1 vol. . . . . 2 fr.
— *Morceaux choisis des œuvres morales* (V. Bétolaud). 2 fr.
SOPHOCLE : *Théâtre* (Tournier) : *Ajax, Antigone, Electre,
OEdipe à Colone, OEdipe roi, Philoctète, les Trachinien-
nes.* Chaque tragédie séparément. . . . . 1 fr.
Le même théâtre, sans notes. . . . . 2 fr.
— *Morceaux choisis* (Tournier). . . . . 2 fr.
XÉNOPHON : *Economique I-XI* (Graux). » »
— *Morceaux choisis* (de Parnajon). 2 fr.

—ris. Typographie Lahure.

www.ingramcontent.com/pod-product-compliance
Lightning Source LLC
Chambersburg PA
CBHW052056090426

42739CB00010B/2195